大展好書 好書大展

大展好書 好書大展

社會人智囊
16

知人知面知其心

林振輝　編著

大展出版社有限公司

序

孫子兵法上有句千古名言——知己知彼百戰百勝，在現代競爭激烈的社會中，如果能夠認清他人內心，該是對我們多有利的事呢！無論在商場上，或戀愛方面等等日常生活中，為求和他人保持良好的交際關係，須要有識人的技巧也就是識心術，如有此手腕，必可獲致優越的效果。

市面上心理學入門的書籍很多，例如怎樣觀察女性的嘴唇，怎樣從個人的談吐方式識人等等，但却沒有見到提供具體的識人方式或正確的應付之道。

內心隱藏的心事就如同皮箱裝物一般，但打開皮箱後，裏面的東西卽可一目了然，可是人心從外表可以窺視得見嗎？人心只能表現在行動及言語上。不過，言語和行為是否能夠赤裸裸地表達內心則又是另外的問題。

有些人善於言詞，也有些人下筆如行雲流水，文筆感人。邊與女人調情邊寫友人的追悼文，而竟能使閱文者感泣的也比比皆是。行為也是如此，言行不一致的人，外觀雖受人欽佩，等到東窗事發後，才讓人覺得看走眼。

招損是愚人的行為，不善言詞，為文也無法順暢表達心意。這樣的人最遺憾的是無法讓人了解自己的真心。可能的話，真想剖腹相見。像這種心情着急的人，有一個最好的言詞「披露」。

「披」是打開，「露」是顯現出來。打開而顯露在他人面前就是披露的意思。三國志有披露腹心一詞，後漢書也有披露肝膽的用語。所謂披露大抵是指「心」吧！古人認為真心在於「心」之內部。所以日本人切腹示誠也是由此而來吧！

殷商暴君紂王，對直諫他的比干說：「我想看看聖人之心到底怎樣」！而把比干抓來開心剖腹，大做其生理解剖。

人之常情古今不變，有時真想切開對方的心，看看是否說真話。

我認為，現代人比古人更能在社會的現實生活中，巧妙地生存，所以我也深信讀心術的活用，也必可完成重要的任務。

目錄

2 從動作、表情、談吐探索真心

3 識破商人的內心

● 目 錄

4 認識男女的內心

1

初次見面即識破對方的性格

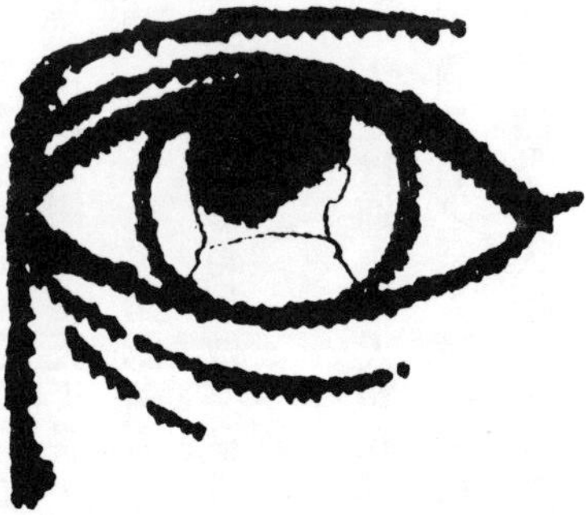

1 根據體型來認清他人的真面目

✣ 從體質、性格來探究對方的人格

「人要相交才能知道個性，馬要試騎才能知道良否」，這是一向從古代流傳到現在的至理名言。如果我們光聽對方的話語，或眼觀對方的舉止的話，對方仍然可以大撒其漫天大謊，所以，要識破一個人的性格，並不是那麼簡單容易的事。當然，通常我們因誤解也會錯認對方在說謊，但一個人只有體型是他最難控制意識的，因此，我們認爲，從體型上，應該可以做某個程度地辨識他人性格的準則，該是不致於太離譜。

我們借用英國的動物行爲學家，廸斯蒙．毛利斯所說過的話吧！他曾道：「人類和其他動物相比較之下，並不顯得特別高級、或比其他動物更低級。到底只不過是名之爲人類的一種動物罷了」，我個人對毛利斯的主張頗有同感。動物各有其獨具特色的不同體型。人類也同樣如此吧！例如有肥胖型、瘦弱型、以及健壯型等等。我們可以說、人類各個所具有的特殊體型，就是忠實地表現他性格的最佳標誌。

無論你在日常生活上，或者是生意場合中，爲使人際關係更圓滑起見，最重要的大事，是你和他人交接時，是否能順利達成目的。而熟知對方的性格，就是你順利達成目的之第一先決要件。

首先，我們以德國的精神學家—克雷奇曼氏的性格判斷法爲依規，介紹六大別類的體格，以及這六種體格而來的性格分析。

1 肥胖型、脂肪質類型・躁鬱質性格

脂肪質、肥胖型體格的人的特徵，就是在胸部、或腹部、臀部上厚積了一大堆的肥肉。一旦腹部等處凝聚脂肪，身體全部都增加肉的話，就變成這種型的人了。我們俗稱之爲中年肥胖，但這種肥胖大都出現在勞力最盛的年代裏。如果你留意到自己已太過肥胖的話，那我們可以說你已經成爲脂肪質、肥胖型的人了。

和這種型的人接觸時，我們可以感受到，他們能夠很優越地順應周圍開放的情勢，給人一種人類似地溫馨。他們多屬於活動性的人，一旦被奉承的時候，就順勢做個順水推舟的姿態，無論什麼事都照收不誤。因此，雖然他們每天不斷地說：「唉呀，太忙了，太忙了」，但實際上却正好相反，他們却樂於每天地忙碌呢！

雖然這種類型的人物，常施詭計翹班偷懶，但許多人是能夠被周圍的人原諒，而不被憎恨的受歡迎人物。

活潑開朗，充滿社交社，行動積極，善良而單純，是這種類型人物的性格特徵。因此，經常保持幽默感或充滿活力，但相反地，也有穩重、祥和溫文的一面，也由於他們性格上有這種相反的兩面，所以常突然地改變為喧嘩或寂靜的態度。依這點而言，他們是屬於躁鬱質類型。

這種類型的人，有許多是成功的政治家、實業家，和臨床醫師，因為他們理解力迅速、而且擁有同時處理許多事物的才智，這是他們的最大長處。不過，考慮欠缺一貫性，經常失言，過於輕率，自我評價過高，喜歡干涉對方的言行等，則是這類型人的缺點。

如果你交接的對手，或你的上司，是這種脂肪質、肥胖型類型的話，由於他們開朗又善長於社交，所以即使是初次會面，也能暢談甚歡。但由於他們也有好管閒事的另一反面，所以，也應該注意他們會漸漸地施加壓力在你身上。

如果你的丈夫正是這種類型，即使是些許地輕率，他們也能忍受。是單純而非常易於相處的好好先生。

2. 稍見瘦削的健壯型

・偏執質

稍爲瘦削，但却有健壯的體魄的人，在說話的時候，經常是：「我認爲，我認爲……」地主張自我，而且好逞强鬥氣，無論什麼事都可接受挑戰。

這種人擁有堅强的信念、充滿着自信心，無論處在多麼艱困的環境下，都深信必有一番作爲，而奮力不懈、百折不回。

這種强烈的信心，判斷及裁決的迅速，果斷地勇氣，都增强了他們人格上的正面，在商場上來說，他們是値得信賴的伙伴和顧客。

反面來說，這種强烈的個性有時會往壞的方向發展，例如，硬幹到底、專制、高壓、不信任他人、橫暴等面都會表現出來，如果在工作岡位上，有人無法沈默地順從他們的意志從事時，他們會立卽與該人斷絕往來。

此外，如果萬一不幸和此等人結下怨仇，那你最好祈神保祐你了。因爲這種人欠缺思考的柔軟性，一旦在腦海中存在某種思想後，要想改變他的想法是非常困難的。

此種類型的人，由於缺乏人的魅力，所以卽使他才能出衆，或擁有某些權力，卽使也有人順從他、迎合他，但都與他們保持着一段交往的距離。此外，他們在家庭中，也較易於孤立。

所以，當你和此種人相接觸、交往的時候，絕對不可以和他對立。因爲這種類型的人天生有抗議的攻擊性，因此，在自己的正確性被認同爲止，必定急切地主張自我的正當性。例如，他們爲了要讓他人承認這一塊錢是他所有的，而花費十塊錢去證明這件事也不爲忤。就因爲稍爲瘦弱但健壯型的人有這樣地性格，所以才被稱之爲偏執質類型。

3. 瘦弱型而有心事的類型

・分裂質

「苗條」這個字該是針對瘦弱型人而發的一句流行語吧！其他也有從外觀上來判斷瘦子的比

瘦弱的女性個性剛強、對流行敏感。

喻，例如「瘦子多吃」！「瘦子對那方面（指性方面）很行」等等。

瘦弱型之中，有些人都有他背後隱藏的心事，在外表上虛無（NIHIL）的美好體型很引人注目，但却予人無法接近，無從交往的感受。

瘦弱的女性，大都是個性剛强、一生氣的話，簡直連男人都招架不住。

這種類型的最大特色是冷靜，沈着的性格。但因其性格相當複雜，所以想要用適當的語詞來說明很困難。爲什麼呢？因爲這種人的性格上，共存着相互矛盾的地方，屬於分裂質的類型（type）。例如他們對幻想性的事物抱着極大的興趣，絕不讓他人看出內心所想的或私生活面，以冷漠的面紗包裹着自己，絲毫不外洩。

根據觀點之不同，此種性格者不願與通常凡人爲友或相交，而與人有種意欲與他接近的貴族性，常可看到他們身上散發着一股羅曼蒂克的樣式（MOOD）。

此外，這種人也有不少的缺點，例如專心致志於雞毛蒜皮的無聊事，屈强而不肯通融，驕傲而且表情冷硬，無法下定決心，但却衝動地裁決事物。

但是也有長處，由於天生具有纖細的神經，所以相隨地，對文學、美術、手工藝等等，都具有相當濃厚的興趣，同時對於流行服飾也具有特殊敏銳的感覺。此外，爲了做獻身性地奉仕工作，卽使盡散私產也在所不惜，而且也表現出優雅的社交社。

和此等人相交時，腦中首先必要有個心理準備，那就是這種人有良心，而且心思細緻（delicate），生活態度嚴謹愼重。但從你這邊立場觀察他們的話，或許會發現他們顯得有點遲鈍、或意志薄弱，些許挫折就心灰意懶等性格，是很難交往的人。這幾點都須要特別的注意才行。

4. 體格強健類型

・黏着質

肌肉發達、筋骨強健、體態均整的人，大多屬於黏着質類型，由於肌肉和骨骼非常發達，肩幅寬濶，頭部肥胖，所以大家立刻會聯想到舉重選手，或職業摔跤選手、土木工程的作業員等等吧！但有不少人是當了公司或銀行的經理人物的。爲什麼呢？因爲言行中規中矩，一絲不苟、誠實正直，正是經理方面最理想的人才。這就是黏着質類型人的第一特徵。

你的同事之中，大概也有抽屜內的東西清理得整然有序的人，或絕不會忘記寄信，字體又用工整的楷書一筆一劃寫完的人吧！這種人就是典型的黏着質人。

第二個特徵是經常以秩序爲重、講求義理，每天過着充實的生活等等。此種性格的確黏性很強、一旦開始着手於某種工作，必定堅持到最後完成的階段。因此，我們才稱之爲黏着質。

第二種特徵是精神性地速度遲緩，說話大繞圈子，嘮叨不停等等。尤其在說話方面表現得更明顯。卽使是寫信的內容，也如同會話一般，過於冗長、謹愼面周到，洋洋洒洒一大篇。萬一話題談到電影的情節的話，那可就不得了嘍！你還沒有說完，他就毛毛躁躁，以迫不及待的聲音搶著問：

「然後怎麼樣了？」

從以上的觀點來看，這種類型者是足以信賴的人物，不過，卻是稍嫌欠缺趣味性的堅硬性人物。被妻子提出離婚要求的，大都屬這類型人，其原因也就在於此。

如果這種人是你的同事，或你的上司，希望大家要知道，他們有頑命，深執的一面，也有拘泥形式思考事物的習慣。

或許常有人會說：「不可以跟那個人交往」，不過，你如果想控制這種類型的人，無妨偶爾利用雜談或招待來引誘他們。

5. 娃娃臉的未成熟類型 ・歇斯底里

請問對方年齡時，讓你嚇了一跳……怎麼看實在都看不出年紀那麼大的娃娃臉型的人，在你周圍也一定非常多吧！面相像極了小孩子的天眞樣，這就是未成熟類型的人。

此種類型的人，以自我爲中心，而且個性好強，所以也可稱之爲顯示性性格。

這種人周圍永遠都洋溢着熱鬧而且豪華的氣氛，如果話題不是以他爲中心，他們就不會愉快，此外，完全不聽他人的話，可以說是任性類型。

這種類型的特徵是，卽使對於各個分野認識淺薄，但却擁有廣泛的知識，他們利用這種知識，也有能力去批評小說，音樂，或甚至於劇劇方面。由於擁有各方面的知識，所以談吐方面相當風趣，最擅長於使他人歡笑。

不過，如果你趁他的步調（Pace），漫不經心地問他一些問題的話，他更會歡天喜地滔滔不絕地大發宏論，卽使說破了嘴自己也不自知呢！

而且經常是用：「我……」或「就我所知的……」等說話方式開口，一旦「我」字一出，就扯個沒完，經常令聽話的人受不了。

不過，就某方面的意義而言，他們是屬於天眞而無心機的人。但由於他們自己並不知道自己沒有成人的個性和思想，所以更是個悲劇。如果自己被奉承，那當然很好。一旦被摒於「蚊帳」之外，嫉妬的面目就表現出來了，這時要小心他們演變成歇斯底里狀態。

如果和你交往的女性，屬於這種類型，你只能擔任他的聽衆罷了。如果商場上交易的對手屬這類型，要考慮到他們輕薄而任性的個性，和沒有主見，易受他人的意見左右的個性。深加注意。要不然萬一對他過於信賴而遭受嚴重損失，可悔之莫及。

6. 瘦弱而線條纖細類型

・神經質

提起神經質類型，任何人都立刻會聯想起慘綠色的臉色，瘦弱而纖細的體型，即所謂的文弱書生型知識階級吧！但這些特徵，也並非只有神經質類型者身上才出現的。例如無論何處着眼都像個男子漢大丈夫，或豪放磊落的肥胖型人物之中，仍然也有許多屬於神經質類型。

感受性強烈的知識份子類型許多是藝術家或學者。

因此，在我們觀察這種類型的人時，與其看他們的體格，倒不如以他們强烈的感受性來分析他們的性格來得妥當。他們强烈的感受性，對於自己外側或內側的變化，都有非常敏感的反應。因此，常有過於留意周圍的人的動靜之缺點。相反的，由於此種感受的動向，和智能方面有莫大的關連，所以此種類型的人絕沒有腦筋差的人。這就是知識階級較多這種類型的原因。

所以，當他們犯有某種錯誤時，常會：「都是我不好……」，或者「我犯了錯誤……」等，無論什麼都自我承擔一切的責任。也因此經常並非自己的過失，却提前躭憂，連想說的話都不能說，而負起所有過失的責任。

此種類型最大的特徵就是心理不穩定。容易失却心理上的均衡，心情容易混亂等是此類型的缺點，而本人却能經常發現自己的這種缺點。不過，這却也是凡夫俗子所沒有的性格，具有豐富的感受性，細膩的感覺，和良心而愼重的生活態度結下不解之緣。如果這些特徵能夠掩蓋住其他的缺點，必能更上層樓，如果再加緊努力，也會成爲藝術家或學者等成功者吧！

文靜眞誠，而且又順服、神經質的性格，在他人眼中的印象却是沒有自主性、鈍感、性情易變，且不易相交。如果你的朋友或上司屬於這種人的話，你必須知道，受他之託的事一定要確實地實現，遵守約定，以及注重禮節等。

2 根據臉型判斷對方

✣ 臉上刻著該人的性格和人生

我們經常聽到林肯的一句名言：「人生到了四十歲，就必須對自己的臉相負責」。因爲在每個人的臉上，都深深地刻印着其人的性格和人生。人相各異，有圓形、方形、倒三角形等各色各樣，我們根據其長相，就可明顯地判斷其人的性格。

從古以來，人們在評論他人時，就會說：「那個人好像很溫和……」，或「那個人有點神經質……」等等，以臉相做爲判斷性格的材料。而意外地說中的情況却也經常碰到。

和初次見面的人相會時，如何適確地對該人的性格下判斷，是日後決定和他交往方式的重點所在。當你看一個人的臉時，很自然地，你就會立刻判斷其人的性格吧！

或者，當你參加公司的應徵面試時，首先，公司方面也會考慮到你的臉相所給予他人的第一印象吧！

像這樣的，臉相就如同名片的功用一般，臉型可大分爲八種，以下我們就其各個代表的性格來鑑定看看。

1　倒三角形臉的人

•想像力豐富欠缺實行力

臉型像個倒立的三角形，換句話說，臉的上部很發達，漸往下方漸變爲細窄，予人一種貧弱的感覺。日本歌舞伎（類似我國的國劇）的演員坂東玉三郎先生，就是典型的倒三角形臉。

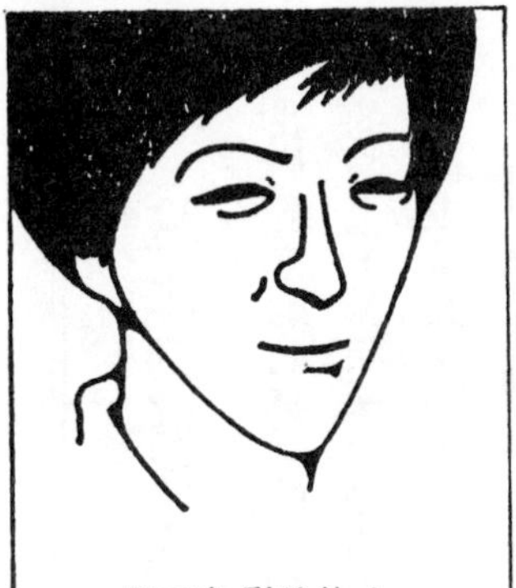

倒三角形臉的人

這種類型的人屬於浪漫派（romanticist），把夢想和理想當成人生一大要事。想像力豐富，經常喜歡在腦海裏練習各色各樣的計劃，可說背後的工作要比表面的工作，更能發揮能力的人。因爲，一到實行的階段時，即變得躊躇不前，欠缺果斷剛毅的行動力是其缺點。

當這種人和異性相交往時，這些缺點完全表露無遺。寫情書時表現得熱情洋溢，感人，一到約會時却又如縮頭烏龜，絲毫不敢表現。由於自制心强烈，而欠缺行動力，若是有這種類型的情人的話，或許會令人有不能十分滿意的遺憾。與其說這種人主動去追求人，倒不如說是被追求的被動型來得恰當。

前面已列舉過想像力豐富的特徵點，而藝術才能高超，多數是藝術家，也是這種類型的特徵。

倒三角形臉的人，由於具有罵一連想到十的小心性，所以當你知道這類人交往的時候，如果不特別小心的話，恐有傷害他們心理的危險。所以盡量開朗地和他們交往，責難他們的時候則要小心謹慎。

2 下顎尖窄的人

・現實派，成敗的機會都很大

下顎尖窄的人

乍見之下很容易和倒三角形臉混同，但這種人的特徵是腮部寬濶，但是下顎却特別細窄。日本明星淺丘琉璃子就是典型的實例。下顎尖窄，雙頰却寬濶。

這種型的屬於現實主義。行動力優越，同時自我意識强烈，因此有時也未免顧前不顧後。因此成功或失敗的比率都很大，其間的差距不少。

這種臉型的人，易被異性所愛慕，但遺憾的是，他們常迫不急待地想把對方掌握在自己手上。因此，這種人相當地現實，絕不會有什麼：「海枯石爛，永愛不渝」的念頭存在。所以這種人，大概會渡過大喜大悲，波濤萬丈的人生吧！

如果對手改變，就會手足無措，因此，你應該巧妙地領導他，引出其正的一面發揮，如此你就大受此型人的歡迎了。

如果妳的愛人是這種臉型的男士，光是外表的氣度和溫柔的氣質，大概就會使妳着迷得神魂顚倒吧！但深交之後，他的要求就多了，簡直是煩不勝煩，到了「隨你便好啦」的尖酸口氣時，那就是該說再會的時候了。當然啦，應付這種人，最有效果的戰術，就是流眼淚。

3. 下顎寬濶的人

・頭腦聰明是野心家但拙於人際關係

臉上輪廓清晰、威風凜凜的正方形臉，但雙頰的部份却特別寬廣是其特徵。

這種臉型的人頭腦非常優秀，大都屬於野心家，擅長於策略謀劃。爲達到目的，不擇手段，父母、兄弟、姐妹、朋友、同事等，只要能利用的就完全利用到底，事後則裝做一付完全不知道的厚顏無恥類型。對他人也很嚴謹，無論家庭或工作場所兩方面，都使對方難以和其相處。

我們可以說這種臉型的人之幸與不幸，有賴於他的人際關係之良否，他們和寬宏大量，包容力等無緣，所以對人際關係方面該是相當拙劣。

下顎寬濶的人

如果你的部下或同事之中有此等人物的話，在不要奉承或傷了他的自尊心的前提之下，就可順利的領導他們。因爲他們的性格有强烈的權力志向，不指揮他人絕不罷休。

當你想勸導他們的時候，最適宜的時機，是在他犯了過失，而他自己也正想反省的時候，最有效果，這種臉型的人，凡事都一意孤行，因此，常會與人一種可怕的感覺吧！

女性的話，並不是能夠善處家務，安於家庭的人，所以有不少人卽使結了婚，仍舊還是會離婚。

如果你屬於這種臉型，你必須看清對方究竟用什麼樣的方法在和你交往。如果對方是優柔寡斷的類型，那你就得小心出問題嘍。

如果不幸萬一你陷於困境，請注意，不要使結果只有你一個人在承擔苦痛……。

4. 正方形臉的人

·聰明而有行動力品格高尚

和下顎寬廣的臉相相當地接近，但臉部卻像個正四方形的樣子，臉的下部也向下突出，頭蓋骨也比較寬濶。加上高聳的鼻子，大嘴巴……反正容貌大方就是這種臉型的特徵。

正方形臉的人

這種臉型的人，聰明而且有卓越的行動力，心胸廣濶。充滿精力和幹勁，但絕不慌張，予人有種充裕的感覺。許多是政治家、實業家、大文豪、明星等，或就非凡的一番偉業。

此外，具有社交社，同時又有幽默感，很得人緣，一般是被熱烈追求的愛情對象。在金錢和工作上都很如意，同時也是讀書人，勤勉者的最佳面相。

只是品格稍過於高超，很難與之論理。如果你和這類人交往的話，切忘一哭二鬧，或觀言察色戰術，那絕不會有效果。和這種面相的人交往，你應該用高超的品格、理論性的知識來誘惑最具宏效。只要用知識性地誘惑，即非常容易地中計而心甘情願地使人驅使，是這種臉型者的唯一缺點。

5. 長方形臉的人

•活動性而沒有體貼心

長方形臉的人

頭部和下顎都是四角形，臉部全體呈長方形。頬部勻整，鼻樑高聳，下顎突出……等臉形健碩的人屬此型。

這種臉型的人，永遠都站在前頭領導性地活動，有不服輸的個性。因此，相對地，對他人的體諒心很少，人際關係拙劣，非自己親自動手不能如意，因此，即使是他人已完成的工作，他也非重頭再做一次不可，所以也經常得罪他人。

另一方面，屬現實主義（realist），且剛毅，對事物有强烈的執着心，是脚踏實地的進行工作的類型。該當心的是他們非站於前方領導他人絕不罷休，以及以自我爲中心等個性。

女性的話，也是有男子漢的豪爽性格，無法安安靜靜地待在家庭內，雖身爲女性，但却從事不輸於男人的工作，文章也是男性似的，可說是善變的女人。和此種女性交往必有被擊退的一天吧！他們想獲得自由的願望比結婚更熱切，應該可說是「飛翔的女性」吧！

缺點是平日雖然嚴肅謹愼，但場合改變的話，却又突然做出散漫的舉動，可說是雙重性格者。因此大幅度地減低了成功的可能性。

當你和這種臉型的人相交往時，要盡可能避免完全信賴他們，僅能做某種程度的信任，經常保持着些許的戒心爲妙吧！

6. 下臉部發達的人

·富社交性和包容力但是非不分欠缺思慮性

下臉部發達的人

和蛋形極相似的臉相，但下臉部比蛋形更柔輭而膨脹。特徵是臉型上部（頭蓋骨）很小，但從中央部份到下部却有帶狀的肥厚發達皮肉。

這種臉相的人富有包容力，社交性充沛，富於行動力，年輕時候卽使遭遇勞苦的生活，到了中年以後，靠着自己的努力，也能夠充份地發揮個性的長處，而獲得從前勞苦的報酬。

由於性格粗心草率，所以欠缺細膩的部份，腦筋也不夠周全，但相對的，卻以精力絕倫的行動來表現。

如果你周圍有這種人物存在的話，你一定要小心不要捲入金錢問題的漩渦裏。因爲這種人爲了錢可以不擇手段，六親不認，所以處理金錢方面易引起問題，或甚至於貪污瀆職，而引發嚴重的後果。

此外，也喜歡和無聊的男女密切交往，投資於拙劣的事業，而且深入不懈。好高騖遠，是非思考不明，結果，演變成咎由自取的後果，陷於泥沼而不能自拔。如果你是屬於此種面相的話，最小心的，就是不要使自己自做自受毀滅了自己。

7. 臉幅寬廣的人

・耐力強韌屬於努力家但情感脆弱

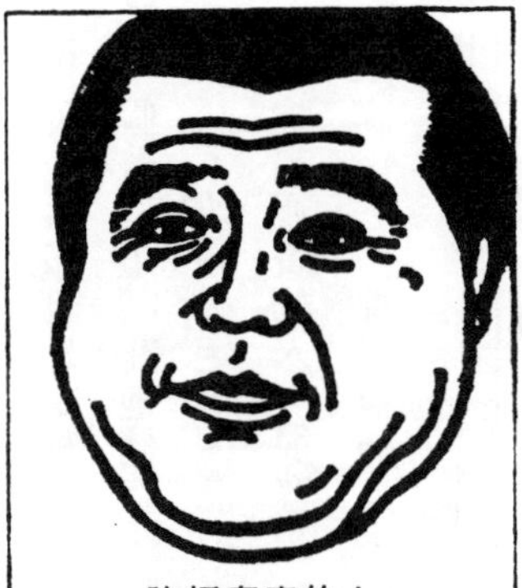
臉幅寬廣的人

臉幅寬廣，呈田字型浮現的人。這種面相和圓形臉不同。特徵是有部份會露出骨頭，下顎雙層，同時面相勻整平衡。日本NHK的磯村尙德氏就是這種面相。

這種面相的人腦筋很好，待人處世溫和，能替人設想，是具有實行力，同時也具有寬容性，和溫文儒雅的「盡力工作，盡情遊樂」類型的大人物。

如果你和這種面相的人交往，和他們共同工作，或開創新事業，他們是很優秀的企劃人才。反正這種人是具有强韌的忍耐力，能夠一步一步向成功的目標努力的類型。如果能開創公司，也能使部下們受惠，擁有巨大的發展可能性。

但是由於感情脆弱，一旦被情所束縛卽眼花繚亂，不能自己而陷於不可自拔的地步，如果你和這種人共事，希望能留意到這一件，而適當地控制他的情緒。

這種臉相的女性比較少，如果有的話，最後都會進入色情行業。你常去的酒吧或俱樂部的女性經理，大概都是這種面相吧！

假若有事請託他們時，雖然用强硬的口氣也無法使這種人協助，但如果用情緒戰術和眼淚攻勢的話，效果必定出你意料之外。

臉幅寬廣的人，很容易一下子就被他人欺騙，這一點自己要經常警戒，免得後患無窮。

8. 圓形臉的人

•性格寬宏大量而圓滿，為人過好

圓形臉的人

圓形臉的人們，光是從體格上着眼，仍可見到肥胖和渾圓的味道，是屬於肥滿型的類型。眼睛細小，鼻子雖不高但幅度寬廣，穩重而笑口常開。就像個彌勒佛一般。

他們的性格就如同臉相、體格一般地圓滿，待人處世溫和，不會因小事而鬧情緒，是寬宏大量的人。

這種面相的人是現實派的，也能技巧地衝破人生的波浪，而渡過安穩愉樂的人生。由於天生的性格並不貪婪，所以他們經營悠閒的商店，要比當大實業家來得更恰當才對。

須要當心的是疾病。這種人大吃大睡，是相當健康的人，但要注意肥胖的人身上常可能出現的糖尿病、心臟病、以及動脈硬化症等疾病的侵襲。

此外，心腸太軟是此種面相人的缺點。如果這種弱點被他人利用的話，必有遭致失敗或中計的危險性。他們又是那種卽使遭遇失敗或挫折也穩若泰山，以不變應萬變的類型，所以並不會很快就恢復正常，納入正軌，因此，在生意場合上最好不要和這種面相的人往來過深，才是聰明的做法。

請參照這種類型和「脂肪質、肥胖型類型」之項，相比較一下。

3　根據五官來認清對方的真面目

✣ 臉上五官是判斷性格的最佳素材

我們在前章已介紹過以面相判斷性格的方式。同時臉上的部份，諸如眉毛、眼睛、鼻子、嘴唇、口、牙齒等，也更表現出一個人的性格狀況。

自古以來，人們即認爲「睫毛長的孩子體弱多病」，古人觀察臉部的各個部份，做爲判斷健康狀態，或氣質、性格的材料，這種判斷標準，留傳至今，仍有許多地方一語中的。可說是從生活的智慧上獲得的庶民判斷法。

請回想一下你和他人第一次見面時的情景。你最先看的地方，大概是對方的臉吧！而你自然而然的也會依此而判斷其人的性格吧！以下我們就根據臉上的部份，做綜合性地介紹！

(1) 依眉毛判斷性格

人的眉毛有濃密的、稀薄的，眉與眉之間有寬廣的，也有狹窄的。依眉毛判斷性格，普通有兩種方式。

其一，眉毛濃密的人功名心强烈，着重聲名比實際更重要，品格高尙，屬於非社交性，但可說是受人歡迎。

眉毛稀薄的人，許多有：「只能像人生罷了」的思想方式，着重實際不重名聲，屬社交性，但其性格却受任何人所喜愛、歡迎。

眉間寬廣的人，豪放磊落，有直爽不避諱的性格面。眉間狹窄的人屬於閉鎖性，而且在意周圍的一切狀況。此外，自我本位，但每逢實行階段時，却又顯示出缺乏實行力的性格，擁有事情對自己不利時，就立刻逃之夭夭的大本領。

另一種辨識方法，是利用眉毛的濃稀和陰毛成正比例這一點來判斷性格。我們可以說眉毛濃的人，陰毛也一定很濃密。應用這個，再配合前述眉毛濃密的人之性格，就可以再判斷。人類的毛髮有硬有輭，毛髮柔輭的人，其陰毛必然也很柔輭。接着是鬢角的濃稀，我們常說，鬢角濃密的人，胸毛必定也很多，但這都是無稽之談。此外，脚毛很多的女性，其性格必和男人不相上下。

⑵　眼睛和性格的關係

俗云：「眼睛是靈魂之窗」，眼睛顯現「視野」的程度。大眼睛的人視野也廣，有制服他人的威力，威嚴，心胸廣大，有獨占欲、指導力、好奇心旺盛、愛妻家，自我顯示欲强烈等特徵。相反的，眼睛小的人，則具有溫文，小心謹愼，陰濕，內向性格，非社交性同時視野狹窄，攻擊性，同時也容易陷於自信心喪失的狀態下。

此外，眼光尖銳的人有不少是天才型的狂人，也有很多是虐待狂或被虐待狂。由於經常想不勞而獲，所以很容易變成罪犯。類似橡實般大圓眼睛的人，可以不經勞苦，安逸地渡過一生，因爲這種人的個性是受上司的賞識，受下屬的愛戴。要注意之點，是容易被人際關係所左右。

眼尾往上吊的人，大多是屬於母親複合體（complex）或父親複合體。雖有耐性，但由於自尊心過强，所以沈浮也很激烈。眼尾往下垂的人，很容易成爲受注目的對象，尤其是受到上年紀的女人之喜愛。弱點可說是喜歡和異性交往。是屬於撒嬌、幼兒型，有許多是被他人誘惑也無法加以拒絕的好脾氣。

⑶ 以鼻子判斷性格

鼻子大的人，即使當上了演藝人員，也沒有辦法變成大名星，所以最好別走演藝路線。此外大鼻子的人很容易罹患心臟病，許多是心臟不好的人。小鼻子者不易受惠於家族運或家庭運，嫁了丈夫也是要勞苦一輩子。

看得見鼻孔的人有浪費癖，鼻柱泛黑的話，是身上的病正在蔓延的證據。鼻翅顯示女人的乳頭，鼻翅大的人乳頭也很大。

⑷ 依口、唇判斷性格

上唇薄的人是雄辯家。上唇過厚的人是過度沈默者。嘴巴呈乀字型的人，是忍耐順從型，可渡過堅忍的人生。嘴巴左右任何一邊往上揚的人，就可了解他的思考方式如何。例如嘴角往右上歪的人，即是受右方的驅使。

嘴唇的顏色顯現着男女性器官的顏色。女性的口紅就是用來掩飾性器官顏色的工具，所以，從口紅的顏色上，就可以看出一個女人對性方面的關心度如何。此外，上唇比下唇還厚的女人，性器官是上部型的，下唇比上唇厚的女人，性器官是下部型的，嘴唇上下均勻的女人，性器正好在中央部位。

嘴巴呈ㄟ字型的人，是忍耐順從型，可渡過堅忍的人生。

不擦口紅的女人，大概可以看出，他們大概也不會穿貼身的衣服是一樣的現象。在笑的時候，用手掩住嘴巴，並不僅只是一種禮貌性的動作而已，同時也表現出日本女性對性生活方面的優雅度。

(5) 依牙齒判斷性格

自古以來，人們就說，像玉米一般黃色的牙齒是健康的牙齒。牙齒排列不齊整的人，家族運也不良。雙重齒（如突出的虎牙）的人雖很可愛，但家族運、家庭運同樣不好。小時候就矯正牙齒，是父母親讓家族運、以及日後結婚家庭運也不致惡化，改造孩子運氣的最佳禮物。

看得見牙齦的人，性方面不檢點。這種人爲求避免受人誤解，最好少開尊口傻笑。

4 從服裝和色彩上判斷性格

✤ 服裝或色彩關係著性格或心理狀態

俗語說：「見賢思齊」，這句話也可以應用在服飾方面。醫生有醫生的服裝，畫家或藝術家則載着圓呢帽（beret）。傍晚走在街上，濃粧豔抹的女人，猜想也可能是在某些場所上夜班的吧！

最近，從服裝判斷一個人的性格，已經變成相當困難了。怎麼看都不像個有錢人的穿着，實際上却是千萬富翁，甚至於還有穿牛仔褲的大學教授。所以說，現代這個社會上：「不像樣」的人實在越來越多。因此，如果唐突的以一個人的穿着來判斷其人的個性的話，遇到失敗的機會也不少吶！

但其人自己選擇的服裝或服裝的色彩，却與其人有密不可分的關係。可分析該人的性格，或當時的心理狀態。就因爲有這種性質存在，所以從服裝或色彩就可判斷一個人的個性。以下，我們從某個標準程度，從服裝和色彩來觀察個人的性格或心理狀態吧！

從頭上到脚下無一分空隙，穿着整齊派頭的紳士不少。英國製的衣料，絲綢的領帶、義大利製的鞋子、領帶針和袖扣也是一流的上等貨。這付裝束的紳士們，都有共同的性格和心理狀態。一般而言，拘泥於服裝型式的人缺乏趣味性的話題，交際範圍也很狹窄。

心理方面裝飾自我的意識高張，利用外表的服飾，建立比他人更優越的心理地位，而欲掩飾肉體性地複合體和女性複合體，欲求不滿等弱點。此外，幾乎全都屬於神經質，小心愼重，及內向性的性格。一旦頭髮散亂、或領帶歪斜、皮鞋污損都相當在意的類型。

如果和你有生意往來的人之中有這種人物的話，應如何與他們交接比較好呢？

首先，你也要穩若泰山地沈着坐好，靜待對方的態度如何。小心注意他們首先會簡單地閒扯，然後再向你提出生意損失的賠償。還有這種類型的人，是神經質而愼重的性格，所以只有在初期的階段才會犯錯，小心不要用回扣戰術。同時警戒心很強，要謹慎地探知對方的情緒，否則鬧起彆扭可不是好玩的。

從以上的服裝，也可大概的獲知一般性的個性。同樣的，喜歡什麼色彩也能反映出性格。下表是喜愛的顏色，當時的心理狀態，以及性格類型的分類表，請大家當成判斷性格的依據。

（依顏色判斷心理狀態和類型）

選擇顏色	當時的心理狀態	個性類型
紅色	衝動性地，以精神上强力地生存。 虛張聲勢的時候選擇。	神經衰弱 歇斯底里
紅紫色	無法冷靜客觀地正視自己時選擇。	分裂症、神經衰弱
粉紅色	想繼續保持美麗時選擇。 特徵是舉動優雅。	躁鬱質
橙色	無法獨處時，對人生意欲性時。 雄辯、開朗愛好幽默時選擇。	躁鬱質

黃色	想表現知性，有純粹高潔之心時。特有警戒心時選擇。	分裂質
橄欖色	被壓抑的狀態及歇斯底里狀態下選擇。	分裂質
綠色	希望自由時。無偏見而欲寬大時選擇表現內向性的性格。想擁有貞實時選擇。	精神病質
青綠色	想擁有纖細的感覺時選擇。	精神病質
紫色	想處於神秘性、自我滿足。及藝術家氣質時選擇。	分裂質
褐色	想處於堅實性時選擇。	分裂質
白色	欠缺感動性、決斷力、實行力。不知怎辦才好時選擇。	精神病質
黃綠色	缺乏趣味、交際狹窄。	黏着質

黃綠色	欠缺細膩心思時選擇	黏着質
暗紅紫色	非社交性時。	分裂質
暗褐色、黑色	不願表現自己心情時選擇。	
灰　色	缺乏自主性時。自己欠缺向困難挑戰的勇氣時選擇。	精神病質

1　愛好白襯衫的人

‧缺乏愛情面，是清廉潔白的現實主義者

愛好白襯衫的類型和喜歡藏青色系統服裝的人，個性都相通。他們的天性是缺乏感動性，欠缺決斷力，欠缺羞恥心，及缺乏豐富的愛情等數點。藏青色系統的西裝配上同色的襯衫的人，對色彩的感覺敏銳，同時也擅於打扮自己，相反的，無論穿什麼服裝都配上白襯衫的人也常見到。

白色確是無缺點的色調沒錯，這點該是沒什麼議論，不過愛好白襯衫的人，大都是現實主義者和命運論者。白色是飄泛着清潔色的色彩，只以愛好清潔的眼光來加以判斷的話，「幸的旁邊就是不幸」的話語也會消失不見吧！

白色的優點是可配合任何一種色調應用。當然，也可以給人清潔感，不過愛好白襯衫的人，也有：「穿什麼衣服還不是都一樣」的不拘泥於服裝樣式的思想。個性上有他純眞率直的一面。配合職業而經常穿着這種白襯衫的工作者，尤其是警察、法官、公家機構的職員等等方面的公務員們，就如同我們所熟知的，缺乏感動性、欠缺豐富地愛情——人們把他們的職業和穿着的形像（image）連想在一起，實在是件不可思議的事。

「我忠於我自己喜歡的事，雖死亦感到滿足呢！」

像這樣地，不僅對自己，連他人都要强迫接受自己的思想，乍見之下，似乎是充滿着英雄俠義的氣魄！

如果這種人是商場上的伙伴的話：

「喂，你怎麼穿這麼漂亮呢？只有裝模作樣好逞强的人才會這樣打扮吔！」

反正話一出口就想和他人爭論，最後總是不歡而散，變成討人厭的傢伙。

這種類型人士的另一個特徵，是每次說起話，都以：「我走的路比你過的橋還多」，或「我們人生方面的經驗不同嘛等教訓式的口吻爲結論。但並不是富於話題性的類型，除卻重要事情以外，卽使聚在一起，也不會拿酒或女人當成愉快的閒聊內容。

如果你邀請這種人：

「怎麼樣，晚上去喝一杯吧！」

即使他也跟你去喝了，但終究還是以工作爲話題。是現實主義者，無法把玩樂當成玩樂，有不少人是怪異地專注於某件事而樂此不疲。

2. 喜歡花襯衫的人——・敵人很多，但積極地處理工作——

晃眼之下，似乎穿着得非常地庸俗不起眼，但仔細一看，却發現身上還穿了花襯衫——我們常會意外地碰上這種以出人意外之外地服飾爲樂的人。光從長相判斷的話，實在怎麼看都不像個美男子。前面所述「依顏色判斷心理狀態和性格」一欄中並沒有加以分析，那麼，穿花襯衫的人到底是什麼樣的性格呢？

首先，我們可以說，是很喜歡說話的人。不太喜歡傾聽別人在說什麼，但却喜歡以自我爲中心，滔滔不絕地發表自鳴得意的事情，這就是愛好花襯衫的人的特徵。當他把自己想說的話發表終了之後，立刻就站起來：

「眞對不起，我還有急事待慢，就先走一步了！」

經常是如此。如果想受到這種人的歡迎，或加入他們一夥裏面去的時候，最大的訣竅是不但要奉承他，同時也要提出有誠意的意見，說明給他聽，利用家庭性相互地交際來博得他的歡心。

常炫耀自己以自我爲中心的長舌公。

這種人並不是眞正的喜歡喝酒，而是愛上酒宴上的氣氛，對於女人也是誠誠恐恐的誠實面目，毫不敢作假，由於喜歡喧嘩的遊戲，所以越有人聚集而來，他越覺得高興。雖不致於厭惡女性，但却有對女性的複合體，有惡劣的一面，也有相反優雅的一面。

「女人滾到一邊去。」

和這種類型相比較之下，也會有：

「一塊兒喝杯酒吧！」

的溫柔面。尤其是對孩子的愛情，簡直都會令太太吃醋般地呵護有加，對子女的親情，已然不是身爲父親的感受，而是類似兄弟姐妹般地，發揮他的愛心。另一個特徵是年紀越大越喜歡掉眼淚。

家庭意識也很强烈，喜歡的人不管是張三李四或王二麻子，一概硬往家裏拖，然後大夥兒喧嘩地鬧在一塊兒。從獨身者的身上也可以看出這特性吧！富有獨創性，是可獨當一面的獨立性人物。

工作方面，有許多是相當有才幹的人，「就是這麼做」，雖然也因此常和上司起爭執，但終究還是能夠圓滿地完成任務，是可信賴的屬下，但就如商場內的一句話：「樹大招風」的比喻一般，容易樹敵，而處於完全孤立無援的情況之下，但是會被神拋棄，也會被人所拯救，所以，交際範圍廣泛，同時本身又是人才，是愛好穿花襯衫的人最大的資產呢！

3. 喜歡樸素服飾的人
・堅實而有計劃性但家庭運微弱

日本大藏省（相當於我國的財政部）的職員或銀行職員等等，雖和職業有關，但却有許多人穿着樸素的服裝。從外型來判斷的話，很容易誤解這種人的個性也很樸素。與年齡無關地，許多年輕的生意人也愛好這種樸素的服飾。

這種類型很多屬於順應體制型。不過，雖然樸素，但仍顯露出華麗感，其特徵是有不少人在容姿上表現出複合體。相反的，喜好華麗裝飾的人，許多屬自我顯示欲、金錢欲强烈的歇斯底里性格。

但是，這些個性完全相異的人，如果各依其特徵而在不同的職業或環境中努力的話，就不會出現任何問題，可是，如果本身並非順應體制型的人，或許爲了求生活，不得已之下，只得硬强迫自己以樸實的服飾爲樂的人，是現實性的人。

在工商業社會上下班的人，也有許多企業公司，商店注重制服，其目的是要壓抑人類的個性，而嵌入於固定的界框內成型，所以我並不贊成公司行號穿着制服工作。在歐美人的觀點來看，日本人的這種形象，就像工蜂或經濟動物一般，也是理所當然的。這一點，歐美人就和我們東方人大異其趣，他們在服裝方面以自我的個性爲重，從服飾中享受自由自在的樂趣。

平素就愛好質樸的服飾的人當然不致於產生特別的問題，但如果於私下偶然相遇的情況下，對方的服裝却一反常態地華麗洒脫時，那就有對他保持戒心的必要。這種人雖亦有其單純面，但通常承諾的事情也會泡湯，就像：

「一定會報答的……。」

一般，承諾須以金錢爲條件，至於對協助者也是：「好了瘢疤忘了痛」類型。無論幹什麼事情都對周圍的一切保持警戒的態度，而且很在意他人對自己的批評，萬一別人稍提起有關他的壞話時，則以歇斯底里的口氣威脅對方：

「聽說你對我相當不滿是不是？」

遇上此種對手，最好的方式是絕對不要去招惹他，免得自討沒趣。

愛好樸素衣服類型的人似乎有許多人給人的印象是用心良苦，任何事都有堅實性的計劃，注重誠意等等特性。從外觀上予人穩重踏實的感受，但許多人却難以擺脫女人和酒的誘惑，同時家庭運也微弱。應付這種人最重要的是別讓他發現你的攻擊心。同時又因不爲人情所困，專注於實際性，所以需要有周密性的計劃表。所有事務皆以公文或文書代表，或從實力者，權力者身上獲取他們的弱點也很重要。

4. 愛好藏青色服裝的人

•待人溫和但自尊心強烈

提起藏青色系統，大家必定會想起青藍色或青紫色的服裝樣式。請參照前面色彩的表格就可明白，其原因起自於精神病質或分裂症，而性格方面則是缺乏感動性，以及欠缺決斷力和行動力。而且缺乏明確的羞恥心和愛情。這種類型的人，不常把自己的心情顯露在表面上，雖有保守謹愼的個性，但自尊心也很强烈。

愛好這種藏青色服飾的人，隱含有花花公子的少爺氣息，一旦遭遇困苦的境地時，却也會無奈地拖泥帶水的後退。大概就由於這種個性使然，所以才會使人覺得他們用心良苦。如果你商場上有這種對手，你一定會感到他待人處世的溫和一面。

對於不具看穿他人心事的人們而言，他們或許會誤以爲這種人：「眞是個好人啊！」但示惠或誠意，對此種類型的人却是絕對收不到任何效果的。我們姑且假若這種人是公司的經理吧！而你爲了了解他爲人處世的態度如何，利用宴請他的部下以達到你獲得「情報」的目的。當他知道你的蛛絲馬跡動機時，或許會警告你：

「你可別瞞着我幹什麼事哦！」

完全以威脅的口吻嚇人。也就是說他並不具任何輔導提攜部下的能力，而且不欲讓部屬超越其前。這種人對於和他無利益關係的人而言，不但不加理會，甚至於利用完了以後還會抛棄不理。

如果你商場上往來的伙伴中有這等人物的話，最好的方式是針對其弱點，採用銀彈攻勢和禮物攻勢的戰術以獲其歡心，這樣就可凡事稱心如意了。

此外，愛好藏青色服裝的人，只要自己認爲應該這麼做的話，他必定堅決到底，絕不會半途變卦，由於過於頑固，所以有時肆無忌憚的横衝直撞，太强烈的自尊心易於導致失敗的後果。

深藍色系統服飾的愛好者們，有一種特殊地思想，那就是關於贈禮方面。

「與其把錢用在飲食吃喝方面，倒不如把它用來買贈品送給有關的人，來得更有利益，也更有效果！」

要接近這種人，最好的方法是耐着性子和他們週旋到底。同時探知他們的嗜好所在也是必須的步驟。再者，不要在他們面前數說第三者的壞話，也是很聰明的作法。而對你自己的所有事，則需要三緘其口，千萬不得露出任何馬脚，否則的話，他或許會當面指責你，或在第三者面前數落你呢！

5. 愛好黑色系統服飾的人

——好惡分明，個性溫情

黑色可以完全掩飾一個人的身體——如果有人喜好這種黑色服飾的話，大概除了婚宴喜慶及葬喪弔祭之外，很少人在平日會穿着此種服裝。許多只愛好白色或紅色等清晰單純色彩的人，也非常喜歡黑色系統的裝扮。其原因就是源自於歇斯底里，和被虐待的特性。此種類型的人如果愛好穿着紅色系統服裝，或許會說：

「我實在沒有信心穿黑色的衣服。」

相反的，愛好穿着黑色服飾的人則又會說：

「我穿紅色衣服實在不相稱。」

像這樣地以自信又頑固的口氣否認他不喜歡的色彩，如此與人一種完全對立的感覺，但如果有美豔的女人告訴討厭紅色裝束的人：

「紅色才合適你呢！」

他們却又馬上來個一百八十度的轉變，對自己突然產生奇大的自信，變成非常喜歡紅色服飾，就像未吃先厭，未吃先喜好的情況是完全相同的。從這一點上判斷，我們可說他們在個性方面是好惡表現相當明顯激烈，任性的類型。他們的特性之一是待人處世惡劣，同時也是食髓知味的典型。一旦被他人喜歡的時候，卽死心塌地的愛上某人，而被討厭的話，任你如何表示好感，他們也絕不會再看你一眼。可說屬極端個性。但大多數屬於溫情家，心地善良，富有羅曼蒂克情感，可說也兼備了大陸性氣候的特色。如果和此等人物有生意上往來，最先決的條件就是必需言而有信，萬勿失信於他。假設這種人有事相求於你的時候，結果你只回答：

「好，我明白了。」

而却不把事情辦妥，或最後却沒有實現的話，結果他必會在腦海中留下根深蒂固的印象：「這個傢伙沒有一點信用！」他請託你代辦的要事，或約定的要事，需在最短期間內火速辦妥，這才是和此等人深交的秘訣。

請託他人處理事情的强烈依賴心，是這種愛好黑色系統，顯明色彩的人們的一大弱點。性格方面討厭半途而廢有始無終，渴望所有事物在最短期間內明朗化，外表看起來似乎是樂天派人物，但個性却完全地相反，爲了掩飾此種心理，所以常耗費大量的神經在這方面。外觀雖很大模大樣粗枝大葉，但意外地却擁有柔細纖膩的一面，而且經常火煩悶躁，怒氣沖沖。

今天想穿黑色服裝，就是想壓抑自己在今天的心情的欲望，也就是說，當時的心理狀態，是不願意讓自己的心思過於顯眼的關係。

6. 愛好寬縱紋襯衫的人

·對自己沒信心，虛張聲勢類型

有些人喜好穿着藏青色的粗縱條紋襯衫，一般的薪水階級人士較少穿這種服裝。自由業類型的人們，比較愛好這種藏青色粗縱條紋的襯衫，當一個人對自己的職業抱有不安感的時候，就喜歡穿這種衣服。

「虛張聲勢」是這種類型人的特徵。有些類似對流行敏感的類型，也就是說，對自己沒有一點信心，而意欲掩蓋內心的徬徨、不安時，或孤獨而且情緒也處在不安定的狀態下時，常以這種藏青色粗縱條紋服飾來做爲隱藏的工具。也許各位看過在夜晚的聲色場所中活躍的「老大哥」們。只有一看那些流氓太保類的道上老哥老弟們的裝扮，即可對他們的身份和心理一目了然，我們可以視之爲，他們除了想「虛張聲勢」之外，還有一個目的就是想要掩飾隱瞞自己本身的缺點。

當你和這種人物相處的時候，絕對不可以攻擊他們的缺點。談話的時候要小心仔細地經過大腦三思之後才出口，否則無意中搔到對方的癢處的話，後果可是不堪設想。例如對方正遭遇不幸的事故，或有不欲爲人知的私事時，應當避免以占卜師或相命師的口吻教訓他們：「你的八字不好」，或「那就是命運嘛。」

爲什麼呢？因爲這種人個性最討厭的就是命運，或相命的那一套理論。女性方面可以說缺乏大家閨秀的氣質。不管這種人說什麼，你都不要跟他持反論，也不要反駁他，最好順着他們的口氣。此外，千萬別指謫他的缺點，應當誇獎他們。

如果你搞錯對方的性格，處理偏差的話，或許會受到：

「幹什麼？你活得不耐煩了是不是？」

的反擊。這種人相當單純，不要惹他們生氣，才是上上之策。

7. 愛好開叉式西裝的人
・有首領氣魄，但自我顯示欲強烈

如果你認爲開叉式西裝，是爲了那些肥胖類型的人們而設計、穿着的話，那你就大錯特錯了。肥胖者穿着普通式樣的也大有人在。

或許你曾經看過從頭到腳穿着得一絲不苟的紳士類型人物吧！例如英國布料的西裝配上最流行款式的領帶，小牛皮（calf）或小山羊皮（kidskin）的皮鞋，加以鱷魚皮皮帶，眞珠裝的袖扣和領帶別針（tie pin），瑞士名錶，進口高級品的眼鏡框，使用的是美國名牌朗生打火機（ronson）或英國的唐希爾（dunhill）打火機等等，在你所認識的所有人士中，至少必然有一個人會有這種打扮吧！

不過，光看西裝的背後，如果是中央叉線（cantre — vent）的話，或許會以爲他是「某處的實業家」，而若是開邊叉式（side vent）的話，又可能被視之爲「大概是外行人吧」！類似如此，從外觀的各個角度去判斷那個人的身份如何！但是，最近的社會就如同「好像不太像的樣子」之流行語一般，光以外觀分析，經常還是會離譜太遠的。

商場上如果有此種類型的客戶的時候，或許你會發現這種人似乎是生存於義理道義世界中的硬漢子吧！巧於應付對上對下的人際關係，遇到有事時又能表現出：「交給我來處理好了」的豪爽老大氣概。不過，說和做完全兩回事，是此種愛好開叉邊式西裝類型的特徵。

花錢慷慨的時候，一擲千金而面不改色，但相反的也有吊兒郎當（loose）的散漫面。生意上，對遠期性才能獲利的交易絕不感興趣，而對短期獲益的交易則是：「無論賺的少都沒有關係」的觀念，因此，有不少人是不需勞苦就能成爲大富翁的。

如果你在商場上講究的原則是信用第一的話，和此種人交易，就必須要有詳細地調查才可放手去做。如我們採取警戒而想中止交易行爲，他們則又一反常態，以威脅的口氣恐嚇。假設我們巧妙地掩飾，欲逃避正面和他們做生意，他們又會一把淚一把鼻涕的故做委屈求全狀，採低姿勢請求。

揮金如土的暴發戶類型

萬一有天他對你說：「過一陣子我聘請你當本公司的顧問吧」，爲了你自身的安全，最好能夠巧妙地回絕。這種人最大的缺點是本身並非黑道上的人物，却偏喜歡裝成道上的朋友。不過，其中有許多人數的確是黑道中人，所以來往上應當謹愼。個性屬紳士質，猜疑心重，嫉妬心也重，同時也有獨占欲，虛榮心，好玩等性格，但外表上却意外地與人老實正直的印象，骨子裏不少是善於逢迎拍馬之輩。

8. 愛好舶來品的人

•詐欺手腕高超

我曾聽說過有關於一位著名影星的有趣插曲（episode）。某位和他同場演出的女明星，看了他穿着的服裝，根本還不知眞貨或假貨，就一口認定是價値幾萬塊的高級服裝，讚美的說：

「你這套服裝好漂亮哦！」

他反問：

「你猜猜看這一套大概値多少錢。」

或許女明星認爲眞實地說出確切地價錢，太過失禮，所以不得不謹愼地答道：

「我看大概一定很貴吧！」

但當這位男明星自傲地說：

「當然貴哦！這套衣服十萬日幣買的吔！」

那位女明星似乎也吃驚不小的樣子。因爲像他那麼出名的大明星，至少穿着四、五十萬日幣的衣服也不足爲奇，但他却以穿着十萬圓的衣服而自得意滿，難怪那位女星會那麼驚訝！

如果這個故事是眞的話，就該名星的知名度，或收入方面來說，穿着如此廉價的服裝，實在給人一種樸素的感覺，但說句失禮的話，我們也可說他未免太小氣了一點吧！

就像這個小故事一樣，我們絕對沒辦法從外表上判斷一個人。無論什麼樣的社會結構，縱使從高階層到低階層的人都不可使用舶來品，但至少也會看到一兩個穿着最新流行樣式服飾的人吧！

「那個人打扮得好帥哦……不過，依我們公司的薪水，他根本沒辦法做這麼豪華的裝扮呀！」

當你看到一個人的時候，是不是也有這種想法呢？這種類型的人，在朋友往來的交情中，不講道義，也不講人情。換句話說，很多人屬於乏味枯燥那種個性。雖然乍見之下，似乎是個不錯的友人，但非得基於他自己的利害關係上，否則彼此間的友情根本無法建立。

這種人最精於副業（side businass）的拓展，專門拉攏有實力的人站在自己一方，而且絕不會使自己陷於不利的立場，保護自己的詐騙手腕最高明。俗話常說：「刀刄使用過度就容易崩斷」，因爲這種人永遠不會有滿足的一天，所以恐會有事跡敗露而喪失地位的時候，所以往來上必須絕對的謹愼。

如果你的貿易或交接的對手之中有這種人的話，你應該知道，他和對流行敏感的人一樣，對自己根本沒有任何信心，所以才用舶來品裝飾來掩飾內心的不安和恐懼。有許多是孤獨而情緒不安定。這種人大都是有雙重性格的複合體（complex），所以，最好的方式是避免觸及他們欲掩飾之點方爲上上之策。

9. 服飾隨便的人

——·欠缺周密性，計劃性，但却是具有實力的勞動者——

對於那些不計較外觀，而服飾隨便的人，應該以何種眼光來判斷好呢？

穿着英國製的毛織品（worsted），義大利製的高級皮鞋，乍見之下，的確與人一種高貴感服飾的人，似乎相當瀟脫，但仔細觀察時，却又發覺他結了一條非常不相稱的領帶……這種人可以說是在服飾裝扮方面相當的糟糕。不修邊幅類型的人，永遠都穿着同一式樣的綿褲，七折八皺的襯衫配上羊毛上衣（cardigan），而往脚下一看，却拖了一雙涼鞋。這種打扮的人，我們經常可以看得到。

愛好這種吊兒郎當打扮的人，常與人粗俗土氣的感覺，但許多却是神色開朗，外觀看來比實際年齡更爲年輕，而且大都喜歡機能性的服裝。

就如同此種不修邊幅的服飾給他人的感受一樣，非常富於行動力，具有勞動者的性格。一旦下決心：「就這麼幹」的話，必定意志堅强地堅持至最後一步。

假若你的同事或後進之中有這種人的話，那絕不是一件令人感到欣慰的事。雖然他們充滿着行動力，單刀直入，武斷卽決式，但相反地，一被誇獎就得意忘形，被責駡却又立刻氣餒畏縮。

如果你能夠受到這種人喜歡而稱讚，那當然最好。但萬一不幸你做錯事而失敗的時候：

「你怎麼這樣粗心大意而失敗呢？」

或許他會如烈火燎原般狠毒地臭駡一頓，就如果瞬間沸水器一般，這種沸水器也有他非得注意不可的缺點。具有行動力是這種人的長處，但長處相反的負面，却沒有綿密的計劃性和計劃力，所以盡量避免刺激他們的雙重性格才是聰明的做法。

假如你在商場方面有這種交易伙伴的話，可能會在一瞬間使你多年的辛勞努力消逝於無形之中。

欲和此種人更進一步地保持友好的關係，最好時常留意少惹他們生氣，當然，最好的方法是順從他的做法。果眞能如此，那麼無論是談生意或銀錢往來，必能得心應手，大發利市。至少就如同嬉皮找嬉皮相聚一般，不修邊幅的人，卻很注重同伴意識和連帶感。

10. 愛好粗糙打扮的人

‧獨來獨往類型，拙於人際關係

所謂粗糙打扮的服裝，應該說是不打領帶的裝扮吧！

「我無論如何都無法忍受在頸子上綁條領帶。」

說這種話的人，大都屬於粗糙打扮類型，當然也有其他方面的理由。例如厭惡被納入組織內成爲一員，是荒野一匹狼的獨來獨往類型人。

如果我們調查一下領帶起源的話，應該就可以一目了然。

領帶起源於十七世紀的後半期，有個名叫羅威爾‧克拉瓦特的士兵，常在頸上捲了一塊布條，法國宮庭的貴族們模倣其裝扮，把布條當成上衣衣襟上的裝飾品而流行一時。這位士兵所屬部隊的名稱，正好是法語「領帶」的意思，所以這個普通名詞領帶一直延用到今天。在美國，通常公司的職員們都穿着T恤上下班，但日本有某個公司，卻規定員工必得打領帶方可上班。

服裝是表現職業，性格的重點。所以愛好粗糙打扮的人，一般都是缺乏持久的活動力。而且喜歡主動的支使他人，不願被他人所使喚，但却拙於使喚他人，這是他們的缺點。因此也不適合於在公司任職。有許多有志於獨立創業，或希望獨立在人世間闖出一番名堂的人，或經營商店的人較多這種類型。

「我結婚的對象一定要個堅實的公司職員。」

這種想法的女性不適合於和這種人相處。卽使是正直勤儉地在公司任職的男人，在結婚以後，或許會突然地說出令家人困惑的話語：

「我不幹了，我要獨立做生意了！」

可別說結了領帶就對他安心，但結果也可能會變成這種下場吧！因爲有些人打領帶時常順手拉上，東倒西歪的。

如果問對方：「你喜歡領帶嗎？」而他却回答：「我不喜歡，因爲好像要斷氣一般」的話，你最好能了解，這正是他對公司不滿，意欲獨立成業的證據。

公職人員利用休假日打高爾夫球，或公司職員利用休假日玩玩高爾夫球，並不光是愛好高爾夫而已，而是由「希望自由」的願望所產生而來的結果。

11. 愛好蝴蝶結的人

・外國思想很強，是奉承類型

提及蝴蝶結領帶，大家都會浮現夜晚的紳士群，或藝術工作者，音樂家等形象。而純粹在公司上班的白領階級們，却不太容易看到打蝴蝶結的紳士。

假如你自己也是愛好蝴蝶結的人，你眞的有勇氣打個蝴蝶結去上班嗎？

怎麼樣，你也會回答：「這個嘛……實在……」吧！

不過話說回來，人海浩瀚，打蝴蝶結的却大有人在呢！這種類型的人，大都從事和海外有深切關連的行業，例如航空公司、貿易等有關的職業。

愛好蝴蝶結的人，在遭遇到棘手的難題時，如果不是推三阻四地逃避問題，就是相反地屈意奉承：

外國思考強烈，善於奉承。

「唉呀，算了，何必這麼說呢？你也應該了解我的立場呀，拜託，拜託！」

而一旦被他人指責時，則心中的不快立刻顯現於顏面之上，口沫橫飛地為自己辯護。

這種類型的男性，卽使從未打蝴蝶結，但有不少人，却很不可思議地喜歡蝴蝶結。以正式（formal）地裝束而達到表現獨特氣氛的蝴蝶結領帶，相反的，在那些不願直率（straight）表現內心情緒、思考的人來說，更為喜歡。

此類人的特性是好對他人說教，經常不滿，嘮叨不平，同時常奢望自己發現絕妙好計。換句話說，屬於面惡心善類型的。也可說還帶點娘娘腔。

商場上交易伙伴屬於這種人士的話，要經常地盯住他們，否則在半途被他人所吸引誘惑的話，他必會立卽離你而去。

2

從動作、表情、談吐探索眞心

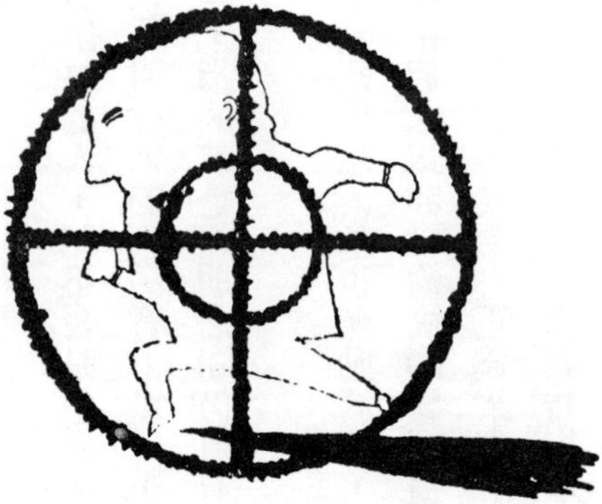

1 由打招呼來判斷性格

✤ 打招呼的方式所反映的心理狀態

自古以來，大家就認定，連個「早安」的禮貌招呼都吝於出口的人，絕不會是個品性端正者。就如同俗諺所說的：「稻穗越成熟，頭垂得越低」一樣，在任何行業的成功者，無一不是謙虛有禮，精於「打招呼問候」。所謂「親如兄弟也應行禮如儀」，指的就是親朋之間仍須有最低的禮貌存在，卽使是父子之間的應對也不例外。

但是，問候請安的方法也有各式各樣的。有些人我們向他點頭致意，他也無動於衷，也有老大不高興，心不甘情不願地隨便點頭了事，相反地，也有一反常態，以非常愉快的聲調搶先向你問候的人，上述這些問候方式，我們全都可以視之爲，正是欲求不滿，或內心正爲某事所惱時的表徵。如同快樂歡愉時，卽有愉快地招呼，悲哀時則以悲哀的方式打招呼，不高興時根本不願理睬任何人等等，從對方的顏面上，我們卽可發覺，探討對方心底更深層的心理狀態。

例如，對方某人正向你打招呼問候，而你却老大不情願地草草應答，或甚至於完全不加理會的時候，試問，此時你給對方什麼樣的印象呢？對方會因此懷疑你的個性也是理所當然的吧！優越的問候請安方式，是巧妙地掩飾自我內心的不安，動搖狀態，而以一如常態的外觀和對方相接觸。從最簡單的致候招呼方式，就得以探析其人的性格和心理。

1　直視對方的眼光而打招呼

・意欲立於較對方更優越地位的表現

「久仰，久仰！」

普通兩人在初次見面時，都是邊這麼說邊寒喧的，這種「久仰，久仰」並握手交談，可說是人們在初次見面時的常識吧！

有些人在第一次見面時，直視對方的眼睛而行禮如儀。以此種姿態和對方招呼的人之心理，乃是想利用自己已經由彼此間地問候，而壓迫對方的情緒，或由上往下卑視對手。換句話說，他們持着對於對方的警戒心，同時也是想站於比對方更優越地位的欲望和自尊心相當强烈的證據。

這種類型的人多屬於常識家，他們所擁有的卓越洞察力，卽使你想掩飾內心的不安，而僞裝和他應接的話，仍然會被一眼識破。當你和這種對手交接時，第一要事，就是要誠心正意。此外，假如在他們面前暴露出自己的缺點，那麼終你一生，必會被永遠輕視，所以不必急躁，應採取長期安穩的方式，逐漸接近。

談吐方面，這種人也相當謹愼。「是的……」，「你說得不錯……」等等，使用謹愼，懇切的用語是談話的特徵之一。但相反的，和氣味相投的親近友人之間對話，也常使用粗魯無禮的言詞，例如：

「喂，你實在眞笨，眞不懂你到底在搞些什麼鬼玩意。要是我的話，才不會幹那種勾當呢！」

一旦他眞會同你這樣肆無忌彈地交談的時候，你跟他之間的交情已經相當穩固了。不過，你自己也必須時常保持警戒心，千萬別忘了，他們心中想比別人立於更優秀地位的慾望相當强烈吶！

2. 逃避對方的眼光打招呼

•在對方面前有自卑感

有一種人，卽使你直視對方的眼神而致意，但對方却閃避眼光而垂下頭去。

或許你會因此而勃然大怒：

「眞是的，簡直目中無人嘛！」

可別太早下斷言哦！這種類型的人，在個性上較怕生，同時小心，氣量狹窄，你可視之爲，他們在他人面前具有自卑感。

俗語所說：「被蛇盯上的青蛙」，正是這種人最佳的寫照。和此種人交往，你必須運用技巧，敲開他們閉鎖着的心扉。

例如：「你看起來精神好愉快」，或對方如是女性，則無妨說：「美人的舉止畢竟不同凡響」，像這樣地，用讚美來輕叩他們的心弦。如此一來，對方在行動或態度上，必會表現出受人重視的喜悅心理。

面對這種人時，如果你既不稍加誇奬，而且也繼續地不加理睬的話，終你一生，幾乎可說完全與這種人無緣。

如對方是女性的場合，也有不少例外的情況，假設一個女人對你相當有好感，必會故意忽略你的存在，或是閃避你的目光。裝做若無其事地邀請她喝咖啡，或吃飯，結果她們大都欣然應允——女性也常可以是這種人，從手足無措的怕生狀態中，轉而成為開朗的人。

我們可以說，閃避眼光而垂頭的人，正是意識到你存在的最佳證據。

3. 初次見面却親切地打招呼的人

・想把當時場面轉成有利於己的戰術

有些人雖初次見面，但其親熱的態度却宛如多年好友一般，着實令人吃驚不小。如果我們不探析這種個性的人之本質，或許會誤以為：「什麼嘛，簡直是輕薄又沒有常識的傢伙。」

這種人並非厭惡與他人相處，許多是寂寞，或需要他人的親近與安慰。

例如，第一次認識的吧女或酒女，坐在你的身旁，雖是初相逢，但却不斷地依偎着你，盡和你談些親熱的話。當然在那種場合，純屬生意性質，不得不如此侍奉客人，但這也正是識心術的典型場所。酒女、吧女想把當時的氣氛塑造成對自己生意有利的狀況，所以使用此種戰術與客人親近。換句話說，這是喚醒醉翁之意不在酒的男人們，暴露被壓抑的醜陋慾望或願望的一種手段。

如果不能了解這一點，而誤以爲她對你特別親熱，立刻就想入非非：

「怎麼樣？今天晚上我們……」

如此一來會立刻被她們識破內心。在你的周圍，一定也有不少這種故做熟悉親熱狀的人存在吧！就是那些不稱名道姓，而立刻直呼「某某先生、小姐」的人。卽使是稱呼你，也只是叫名不呼姓的。這種類型的人，屬於愛戀個性，可說對異性是肉體願望型。

女人碰上這種男性的話，一定要特別的小心提防。絕不能給對方任何出手的空隙。性格方面屬大陸性，富於羅曼蒂克氣氛。而且多屬於溫情派，具有心輭易掉淚的個性，有朝一日被愛的時候，必死心塌地不顧一切地摯愛着對方，其中也有不少人厭惡勞動，而終身被情夫、情婦所供養。

4. 經常碰面但打招呼的方式仍然千篇一律

●自我防衛，言行不一致的人

有一種人，無論與他在一起喝過幾次酒，或共事過多少次，但見面的時候，仍然是綳着臉孔，呆板地招呼了事。這種類型，可說是具有自我防衛性的性格。

乍見似乎忠於職守的人……
須注意是言行不一致的人。

例如，普通人在承受他人的贈品，而再次見面時，必會誠意、謙虛地致謝：

「眞太謝謝你了，實在太客氣了。」

但這種類型的人，却大都裝做若無其事的態度。而致使對方百思不得其解：

「會不會是沒有收到我的贈禮呢？」

卽使是打招呼問候，也只是那麼一句：

「早安！」

而已，絕不提及其他任何事。但當周圍都沒有人在的時候，却又突然的對你說：

「上次眞是太謝謝你了！」

這種人想固保自己的地位，大都是身任重要的職位。和他們相處，卽使說俏皮話也得非常地當心才行。因爲這種類型的人，在工作場所中，除了與工作有關的事以外，其他絕口不談。如稍不小心，說些諸如：

「怎樣，今天晚上去喝一杯吧！」

的玩笑話，對方必認定你這個人是「不識大體的東西」，徒然惹起他的不快罷了。與其直接地引誘這種類型的人，倒不如使用第三者的介入引誘，來得更有效果。

在工作岡位上看來，似乎是個勤於職守的人，但有時却意外地愛好麻將等賭局，許多屬於表裏言行不一致的人。

這種人也可說是成功慾、名譽慾、權力慾等等，所有類似慾望相當强烈的人。

2 從坐法、動作探討個性

❖ 觀察所坐的場所

問候寒喧後，坐於椅子上。僅是從這一個坐姿，也可以探悉對方的心理狀態。

例如，想坐在對方身旁的人，比坐在對方正面的人，在心理上更想與對方保持着同一感，更意欲親近。吧女或酒女經常依偎在客人的身旁，也就是這種心理作用使然。情人們的坐姿，應該是這種心理的最典型表現吧！但也有的，根本並非自己的戀人，却喜歡坐在自己的身邊。這種情況之下，我們當然可視之爲意欲造成心理上的同一感，但同時這也是對方有親近感、愛情、直接性的肉體接觸，不安定的精神狀態，以及有邪念的證據。如果兩人屬同性的話，那麼還可再視之爲秘密，强要，及連帶感等。

坐於對方正面的時候，則可視之爲意欲讓對方理解自己的證據。此種情況的特徵，是意味着敬意、哀求、拒絕、觀察、用心等，這種坐相大都見於初次會面，或談生意的場合中。把主客安置於上坐的做法也是如此心理而來的表現。

好像也有不少人，坐在房子內部而監視着門口的動靜。這種類型的人，權力意識很強烈，同時也具有小心謹愼的一面。此時的特徵，意味着警戒、留神、監視等。

❖ 觀察坐著的人之動作

有不少人一坐下就立刻蹺起二郎腿，或緊握住椅子的把手。坐下立刻就盤腿的人，是因不願輸於對方的對抗意識而引發的動作。我們也常見到女性在車內，或交誼廳、會客室中蹺腿而坐的現象，女性的這種坐姿，大都是想以自己的容貌引誘男人的證據。

假如在上司或客戶面前蹺着腿談話，或口試面試時蹺着腿時，會造成：「請另謀高就，本公司拒收」，或「驕傲的東西」的後果，而傷害到他人的情緒。

和你交談的女性，將平時靠在椅子把手上的雙手盤在胸前，是拒絕的表現，如果不斷的盤腿又放下的話，則是對談話着的男人抱着强烈地關心的表現。此外，在談話進行中，搶先蹺腿的人，也是顯示比對方列於更優越地位的心理表徵，蹺腿的幅度小的人，可視之爲內心深處抱持不安的證據。

不僅腿部的動作可表現個人的心情而已，叉手也是想保護自己，同時反擊對方的表現，經常撥動頭髮的人，屬於神經質，而且性格上對自己敏感。邊說話邊扯動頭髮的人，則大多屬於任性的性格，特別是不斷拉耳垂的人，更可以視之爲意欲攔斷對方話語的表現。

3 從談吐解析對方的心理

✣ 刺探內心的資料源——說話的速度、口氣、聲調

僅從談吐、用字方面，也可以窺視其人內心底的狀況如何。談吐的方式，反映出個人當時的心理狀態，越深入交談，則愈能暴露出該人原本的眞面目如何。所謂遣詞用句，或談吐方式，是探知一個人眞正的性格和心理的最貴重資料來源。

話題進行至核心部份時，說話的速度、口氣，就是我們探知對方深層心理意識的關鍵。當然，說話的聲調，也是我們所不可忽視的重要點。巧妙地分析對方的速度、口氣、聲調，探究對方的內心正想些什麼，不但能夠導致商場上的勝利，同時也是增進人際關係更圓滑的要點。以下我們以這三項爲中心，做個綜合性地探討。

1 從口氣判斷

有些人說話謙恭有禮，也有人粗魯下流。說話謙恭有禮的時候，其特性是高貴、氣度高尙，肉體上及精神上的隱蔽、誠實、信賴、期待感、優越等心理。上流社會的特殊應酬用語就是代表性的東西。這種類型的人，大都有裏外兩面。很多是外表高尙，而內心醜惡的人。因爲不願被對方察覺自己本身掩飾着的欠缺，所以才使用上流似的口氣說話。

相反地，談吐暴躁粗俗的人，具有純眞、單純、氣概低下、他人的誤解，博愛主義、下流、小心、易變等等特性。這種類型的人，無論對上司或部下，對同性或異性，仍不改其談吐的風度，他所喜歡的人則永遠喜歡到底，討厭的人也討厭到最後。此外，在初次見面的情況下，好惡的表現也相當明顯，不是表現得很不耐煩，就是突然地親熱若多年至友。可說表現出意欲完全掩蓋對自我的所有小心性。

此外，說話帶哭，或談話帶淚的人，依賴心非常强烈、任性，但外表似乎和藹可親、善交際、善奉承，大多屬於不受歡迎的角色。好掉眼淚的人，大都是壞傢伙。也就是俗話所說的「劣根性」。

日本在第二次大戰慘敗後的混亂期內，那些販賣小物件的小壞蛋們，大都站在門口外，以半哭半泣的聲調，打動他人的惻隱之心，以達到賺錢的目的：

「太太，要不要買個鬆緊帶？」

這種類型的人，一輩子都改不了。

不聽對方談話，只顧自個兒滔滔不絕，口沫橫飛的人，是强硬類型。這種人，只要在說話的時候，對方肯「嗯！嗯！」地靜靜的聽他說話，就可以得到他絕對的好感。但因爲自尊心太强，經常好搶先一步是缺點。

也有不善於言詞的人。這類型大都是無法巧妙地表達自己想要說的話語，或缺乏表現力的人較多。同時，陰性、思考深沈、小心、度量狹窄的人也不少。欠缺智慧方面的能力，以及精神上有缺陷的人較多。其中有許多可以克服自我而站立起來。這類人可視之爲缺乏對自己的信心的證據。

2. 從用字遣詞分析

有人在談話中喜歡用：「在下……」。這種人屬幼兒性，及女性性格的人，而常使用「我……」的人，則是自我顯示欲强烈的人。在會話當中，大量滲雜外文的人，在智識方面的能力相當廣泛。

也有人喜歡用：「我認爲……」的口氣。這種人在理論方面的進行很愼重，但也有其膽小的一面。但對他人的警戒心和調查力也相當優越。初見之下，似乎和藹可親，而當我們放心地與他親近時，他却又擺出一付傲若冰霜，瞧不起人的姿態，所以和這種人相處也需要相當地愼重。

此外，在女人面前立刻表現出馴良親密的態度，或露骨地說出「性」方面用語的人也不少。在女性面前，突然以謹愼恭敬的口氣說話的男人，是期望和對方的女性間保持肉體交涉的表現，露骨地使用性用語的人，都屬於性方面有雙重性格的人。普通是在職業上經常被壓抑著，例如學者、醫生等精神上的勞動者較多。話語中從不涉及性方面用語的人，則是繃着面孔的道學者類型，這種人才更應該特別的小心。

3. 從談話速度，聲調上解析

會話進行中的速度、聲調也相當重要。如果對方說話速度緩慢，那表示他對你不滿，或抱着故意。相反地，速度很快的話，則又是他在人前抱有自卑感，或話中有詐的證據。突然地快快急辯也是同樣的心理。例如，罪犯在說謊時，根本不聽他人在說些什麼，立刻滔滔不絕地爲自己辯護，就是個好例子。因爲他們有不爲人所知的秘密藏在心裏。

也有人說着說着，突然提高了音調：

「連這個都不懂，這個連小學生都會的你也不懂！」

像這樣惡形惡狀的吶喊。這是期望別人一如自己所願般地服從，相反的，假若音調低聲下氣的話，則是自卑感重、膽小，或說謊的表徵。說話抑揚頓挫激烈變化的人也有。抑揚頓挫明顯的人具有說服力，能與人善於言詞表達的感覺，但這也是自我顯示欲强烈的證據。

小聲說話，言詞閃爍的人具有共通的特點，如果不是對自己沒有自信的話，就是屬於女性式的性格，和低聲下氣說話類型的心理相似。

也有人是一個話題繞個沒完，扯個不停。假如你想阻止他再繼續下去：

「我已經了解你所說的了！」

就算如此明白表示，但這種人似乎却是永遠不想停的樣子。這種說話法是害怕對方反駁的證據。

也有的隨便附和幫腔。例如：「您說得不錯……」，「就是說嘛……」等等在一旁附和對方，這種人根本毫不理解我們在說些什麼，同時對話語的內容也一竅不通。如果你在說話時，有人在一旁當應聲蟲，你可得了解這一點才行。如果你誤深信爲對方了解你的談話，那你可會變成醜角了。

4　從表情上著手

✤ 由眼神判斷其人的心思

眼睛比嘴巴更會說眞會——這句話可說是一句名言。同時我們也常說：「眼睛是靈魂之窗」，無論個人內心裏正在打些什麼主意，眼神立刻會忠實地反映出來。人類內心所思，所慮，由眼神和言語同時表現出來，卽使內心想掩飾某些東西，但眼神絕對眞誠地表達無遺。卽使言語難以出口，但眼神仍是正直地顯現出來。盡管嘴裏如何地表示反對，但眼神却顯露讚成的光芒，卽使嘴裏說得再動聽，再漂亮，也免不了表現出說謊的眼神。

主演名劇的明星最令人欣賞之處就是眼睛的傳神，卽使是唱歌的歌手也一樣，無法以眼神的演技服人者，大概也不可能成就非凡的演藝事業。例如最近在日本，被日本國會傳喚出席做證的證人們，從電視轉播的特寫鏡頭上，就可判斷哪些證人是說眞話，哪些在說謊。

有的證人，整個臉上似乎洋溢着笑容，但眼神上却一點笑意也沒有。當然處在嚴肅的問題上，其眼神也相當地銳利。眼神在笑，內心必也在笑。但對那些證人而言，在決定勝負成敗的緊要關頭上，絕不容許內心的緊張有絲毫地鬆弛。

無論在工作岡位上，或私人性的交際場所中，如果忽略對眼神的注意，就無法解析對方內心眞正的需求。人類不是會徹底的表現內心感受的動物。社會上多的是毫無表情，眼神毫不變化的撲克臉，但這種撲克臉，絕非永遠一成不變的。因此，如果我們緊盯着對方眼神動態的話，必能測中對方內心底的動向是什麼樣的狀況。

不過，也有人是因爲孩提時候，受了雙親的耳題面命。

「和他人說話、交談的時候！一定要注視對方的眼睛！」

經由家教養成的習慣吧！兩個人在交談的當中，對方背向我們不加理睬似的談話，或眼神閃

眞正的大人物都凝視對方，絕不逃避視線。

爍、慌慌張張地談話的人，並不單純的是內心有愧，或是胸有內咎感，或斷定爲無法信任的人而已。其中不少是生性小心，沒有自信、害羞等等，或者是畏縮懼怕不敢正視他人等原因造成的。例如情人們初次相親的時候，不正是處在這種狀態之中嗎？

眞正的大人物、大壞蛋，或難纏的人物等，大概絕不會從對方的臉上避開視線吧！就因爲大人物、大壞蛋、難纏的傢伙，都同樣具有堅强的氣概。

如果有那位仁兄告訴你：

「正視對方的眼睛說話，實在是很疲勞的一件事！」

那麼，無法教導他正視他人眼神的秘訣吧！雖說正視眼神，但如果眞正地凝視對方眼睛，的確也是相當累人的一件事。所以，並不是注視對方的眼睛，而是凝視對方眉與眉之間的印堂地帶才是訣竅所在。

1 遙視遠處的人

·不關心你在說什麼，同時正在算計別的事

在說話進行最切題的時候，對方時而移開眼光看向遠處的話，不是他根本毫不關心你說些什麼，就是正在算計某些事情。特別是你決定和她結婚的女性，在你談到嚴肅的話題時，時常把眼光移向遠處，東張西望的話，我們可以判斷，她內心裏正在進行各種打算。如非對結婚沒有自信

的話，就是還有別的她想跟他結婚的男人存在，而無法向你說出口的證據。如果不能了解這一點，你自顧搶先辦理所有事，到頭來後悔的還是你自己。碰到此種情況的時候，我們應該毫不考慮地，請教對方，內心裏到底爲什麼事在煩惱。

「我本來想老實對你說的，但實在難以出口……。因爲從很久以前，我就有個知心的男朋友，我父母親還不知道我有男友的事，所以……。」

或許她的回答是這樣的，心中懷疑必有蹊蹺，而最後果然一語中的，這是男女間所常見的事。

如對方是你商場上的客戶，他也同樣在內心裏算計着各種方案，正在思考着某些對策，使得生意轉而對他們有利。

如眼光遙視遠方似的眼神，或者定睛注視於某件物體上，或焦點不定的游目四顧等眼神，這都可視之爲與上述同樣的心理狀態。假如和你談生意的對方，有這幾種眼神出現時，你最好保持警戒，否則吃虧的是自己。

千萬別以爲一下可大量地賣出商品而興高采烈。也許對方正在計劃宣佈倒閉，或開張空頭支票，或想詐欺貨品呢！

此外，卽使你向對方買到了貨品，也不會是優良的產品，而且說不定你付的錢，會被他捲款而逃呢！

所以說，當對方正表現出此種游移不定的眼神時，應當毫不避諱地，率直地請問地方，到底有什麼事不妥，解決難題才對。

「聽說孩子出車禍住院了，我很擔心！」

也許對方會據實地回答你，心中煩惱的事。但如果對方支支吾吾地推託：「我，不，沒什麼事呀！」你先別驟下結論，先進行詳細的調查再說嘛！此外，如果對方跟你沒有任何利害關係存在，一定是對你的話語毫不關心，或者是內心正爲他事所困擾的證據。

2. 對方眼神忽東忽西的時候——對你有自卑感，或正想欺騙你

內心正値擔憂某些事，而無法正直地坦白說出一個所以然的時候。例如，發生交通意外，不得不賠償對方損失的時候，或無法如期償還所借的金錢而：

「拜託你再寬限個兩三天吧？」

類似如此苦苦哀求對方時，必定眼光上下左右游移不定，閃閃爍爍的。這種眼光大都在被他人逼迫之下所產生的。

把金錢或東西借與這種人的時候，結果常會變成：

「媽的，這小子失踪了不成！」

錢一借就不知去向了。出現這種眼神的時候，我們可以認定正在說謊或想詐欺的情況之下。

如果有個不似善類的推銷員或零售商到家裏來，邊說眼光邊游移不定地左顧右盼：

「對不起，這些東西很便宜，要不要買一點啊！」

任何人都知道此等人物絕非善類，應該小心謹愼地保持警戒心。但如果你近身的人物中有人以此種眼光和你接觸的話，我們就必須探究一下，對方到底有什麼樣的企圖呢？有些女人在談笑間，眼光偶爾也會上下左右地游移不定。如果你尋問她！

「老實地說出來吧！我不會生氣的。昨天你到底跟誰見面了？你最近的行爲有點不尋常嘛！」

當你這樣地問她，而她的眼神依舊左顧右盼，就算她再怎樣解釋，仍舊是在撒謊沒有錯，如果任由這種狀態繼續下去而不顧，總有一天，她會反客爲主，由她主動地向你提出：

「我想離開你了。」

的要求，如此一來，被傷害自尊心的人是你自己而不是她。當你們處在這種狀況下時，才正是挽回你倆危機的最恰當機會。

商場上的交接也同樣如此。尤其當你到對方的公司去收帳的時候，對方公司的經辦人支吾其詞，且表現出這種眼神的時候：

「眞不巧，董事長外出不在，最好是明天再來收帳好了……。」

那必定是心中有鬼，說謊的證據。假如生意往來的對手，經常如此的話，那麼再繼續與他交易，對你來說，是一件相當危險的事。

3. 瞪着對方不放時

·內心對你有所隱瞞

有一種人，長久地瞪着對方，而不避開視線。此種場合的情況下，必定是曾向對方借過錢，至今尙未償還，或過去曾有被騙的經驗等等，而不願被對方或第三者知悉，在「這下可糟糕了」的潛在意識之下，暴露出此種神態。這是內心有所欺瞞的表現，所以才不願閃避對方的眼神，以免被識破心虛。

另外，情侶或夫妻之間吵架，一方被另一方追問實情，被逼得走投無路，而欲採取：

「啊！事到如今，聽天由命吧！」

的態度時，就會出現此種情形。愈到自己的謊言或罪過即將被揭穿時，愈會顯示這種故做鎭定地姿態。

利用逼視對方的眼神，毫不逃避視線的行爲，造成防衞圈，抵擋由對方而來的：「你不替自己辯護嗎？」「你這是什麼態度」的攻擊。因爲懼怕由於自己拙劣的辯解帶給自己不利，同時又無法說出：「這只是小小的誤會嘛」，所以常採取這種自衞的姿態。因爲害怕拙劣的辯解，會致使自己蒙受暴力的攻擊。這時候心裏的狀態乃是，反正你也不會體諒我的心情，如果扯破臉就糟了，但事非得已不得不如此等矛盾地心緒纏結於一起。

這也不僅限於男女兩性的關係方面。當雙親在教訓兒女時：

「你還不說實話嗎？」

像這樣被罵得狗頭淋血，眼看就要被痛揍一頓，雖然內心裏大呼寃枉：「眞的沒有」，但却又不能承認自己的過失的狀況下，也常顯示出這種態度。

碰到這種對手的時候，你應當一反常態，溫恭親切地安撫：

「不要生這麼大的氣嘛！」

這樣卽可以收到意想不到的效果。

4. 故意避開異性的視線

・關心對方，性的欲求強烈

如果你是生意人，或許你的客戶經常會招待你上酒家，或到酒吧去作樂吧！

這時，酒店的女老闆或領枱、大班會立刻迎上來：

「唉呀，董事長，請進，請進。」

領你上座。女性的心理複雜而離奇，如果主持事的負責人是個美人的話，其他服務的女性，則是扮演使負責人襯托得更美艷的角色。所以，男人有時候，也會把眼光移向其他席位上的女人。當你若無其事的看着坐在別處的女人時，對方的女性僅僅和我們的眼神匆匆一瞥，立即地移向他處。這種時候，對方的女人對你非常的傾心。膽小的男人在這種情況下，會立刻板出一付嚴肅刻板的面孔正襟危坐。心中老是惦記着方才的「回眸一笑」。同時不斷地死鑽牛角尖：「她根本無視我的存在」，或「她大概討厭我這種類型吧」，自以爲是地思慮個不停。

這個時候，如果招待的客戶大呼：

「喂，介紹個漂亮一點的過來坐坐吧！」

負責人或許會回答：「你就叫坐在那邊那個小姐好了」，普通不到這樣大呼小叫的狀態下，上述的男人不會恢復原來的神智。也有男人一看到對方是個美女，就立卽面紅耳赤，或細聲細氣，喪失鎭靜力，而不知所措地答話。如果男人坐立不安手足無措，陪坐的女性問道：

「先生第一次來這種地方嗎？」

會更使這種男人正襟危坐，道貌岸然。萬一酒女再來個半自暴自棄的口氣嗲聲嗲氣地道：

「我眞想跟你這樣的紳士出去吃飯呢？」

出乎意料之外的，原本表情嚴肅的男子，却立刻回答：

「當然好啊！我等你下班。」

「我一眼看到你進來的時候，因爲太像我從前的愛人，所以嚇了一跳呢？」

如此一來，你就了解她爲什麼一眼看到你，立刻將視線移開的原因了吧！這種類型的女人，是性方面的欲求相當强烈的證據。

雖然口說希望共同進餐，但却是深及於肉體上的交涉。這種現象也不僅限於女性。男人在異性面前，眼神一瞥而逝的時候，也是性方面的欲求强烈的證據。

如果對方親自說出口：

「喏，我們到旅社去好不好嘛？」

這就是對性的欲求完全沒有絲毫興趣的證據。

同樣的，也有人以斜眼視人，似乎不把對方放在眼裏的人。這種狀況下的心理，乃是强烈地關心着對方，但却又不願被對方探知自己心情的表現。

5. 對方的眼神四處張望時

——一有機會就立刻會轉移目標

如果你身爲男性的話，你必也會有這種經驗，當你陪着你的情人或要好的女友、太太上街散步的時候，是否經常偷看其他的女人呢？一旦想和女友或太太分手，他必會故意停住脚步，隨意和過路的女人交談。這雖可說是殘酷的男人，但其行爲却代表各種不同的意義。

心理學上認爲：男性眼神四處飄盪的時候，是從男人不失客觀性的本性之中產生出來的。但相反的，如果是女性又如何呢？女人寧願爲自己的愛人犧牲一切也在所不惜，同時女人也常立於主觀的立場上觀察分析事物。這是女人的天性。因此，女人從不注視其他的男人，僅僅凝視站在自己身邊的人，其一舉足一投足，都十足表現出對自己熱愛的男人的關懷。

可是，假如和你在一起的女人，想要窺視其他的男子，或心情有顯著變化的時候，當他明顯地把視線轉移到其他男人身上時：你或許會咆哮：

「你喜歡那種貨色嗎？像你這種人給我滾遠一點好了。」

這種事，就算再遲鈍，再不解風情的男人也能一目了然。但問題在於，如何去捕捉她四處張望的眼神呢？

假設你正和她坐在咖啡廳裏，而她却專心地在傾聽其他男人的談話，或注視着其他男人的雙手，或悄悄地關心着其他男人身上的飾物（例如手錶、領帶別針、戒指等等）時，你要注意，她已開始採取客觀性地態度在觀察別人了。

而你自己獨自在咖啡室內，或酒吧內，女服務生或吧女不斷投送過來的游移眼光，也代表着同樣的意義。如果你發覺女伴出現此種情況，而加以責備，就算她替自己辯護：

「我只是看他跟你很相像嘛！」

也仍然是詭辯罷了。當你請問吧女：「是不是有什麼事呢？」對方回答：「沒有啊，我是看到你的西裝非常的漂亮，所以……。」其實內心裏想的還不是那回事，當女人內心湧現此種情緒的時候，她是拿着自己的男伴和對方的男人相比較，等於是產生了與男人客觀性看女人時同樣的心情了。

女伴眼神不定就是心思浮動的證據。

只要一有機會的話，我一定會……，正因爲內心有這種想法，眼光方會游移不定，我們可視之爲，這也是心情浮動的最佳證據。

6. 對方眼神似乎不加理睬時

•抱有興趣，但却是怕羞的證據

在知心好友們聚會的場合，或大家正在談論有關工作方面的事情時，常可見到不理會對方視線的眼神。卽使我們主動的與他們交談，對方的態度也像馬耳東風一樣，似乎愛理不理的樣子。像這樣，無視對方存在的眼神，所表現的特徵是拒絕、輕蔑、迷惑、反抗心等等心理。

公司內的競爭對手，也就是俗話所說的死對頭身上，經常可發現此種光景。身爲這種人的部下，在其指揮下工作的人，一定相當地難以忍受吧！競爭對手卽使與你稍加交談，也會把對你的評價貶得一文不名。也因此，你本身會被他人忽視。

相反的，這種眼色，可視之爲對你有興趣的表現。這種情況，特別是在兩性初次會面時，表現得更爲强烈。身爲男人，大概經常會遇到，對方的女性的眼神對自己似乎是不屑一顧的親身經驗吧！當時，你的內心裏反映出來的情緒，一定是這樣的：

「神氣個什麼嘛？」

你的這種判斷可就大錯特錯了，這才正是女人對你感到非常有興趣時的證據呢！相反的，如果你碰到女人熱情的眼光時，你大概也會一反常態，以一種無視於她存在的眼色一掃而過吧！這是人的通病，也就是害羞的證據，假若遇到此種對手，而願意抱着一試的心情，鼓足勇氣和對方交談的話，原本你誤認爲輕視、無視的眼神，在一談之下，立刻會變成最有興趣的眼神了。因爲意識過剩，人類的心理狀態，會轉變成無視於對方存在的漠視眼神。

當你和露出此種眼神的人相遇的時候，應該想辦法製造機會，給予對方踏進一步的機緣，因爲，對方也等著你給他機會呢！

另外，如果你的女伴和你談話的正當中，却突然顯露出這種無視你存在的眼光時，那是拒絕你，並輕視你的良證。這種場合，必定有某種原因存在，任由他去的話，必演變成悽慘的後果，絕對需要找出問題癥結的所在。

如果你問對方：

「不要老是默默無語，有什麼話儘管說出來嘛！」

而對方仍然毫無反應的時候，你就該覺悟，對方已拒絕你，再也不會理睬你了。這種性格的人，大都屬於自尊心强烈，自傲尊大，具有小心性質的人。

內心不痛快而鬧彆扭時，常演變成殺人放火也在所不惜的地步，最好謹愼地警戒才是。

7. 對方眼睛閃爍光芒時

・懷抱不信、保持着警戒

感覺較平常更爲凹下的眼睛，無論如何也覺得不怎麼對勁。也就是所謂，眼神閃爍光芒，目露兇光的眼色。我們可把這種眼光代表的意義，視之爲迷惑、誤解、敵意、警戒、不信任、憎惡等的表現。

「你給我滾出去，我不願意再看到你。」

男女間吵架，雙光都目露兇光大罵特罵的時候，卽是疑惑、敵意、憎惡的表徵。

相互間比較親近的友人在談笑中，偶而也會發現這種險惡的眼神，初次見面的人，也常在瞬間發覺這種兇光一閃而逝。

如果這樣的眼神更爲强烈的話，那表示你卽將有大禍臨頭了。當人們處於疑惑，或憤怒，敵意的情緒，且表現於眼睛上的時候，很容易地，就轉化成這種目帶兇光的攻擊眼色。

經常受朋友或同事的誤解，被人歪曲事實，而不得不前往解釋，說明詳細的經過時，你想向他解釋的對方，常會出現這種眼光。

（這傢伙來幹什麼呢？竟然敢恬不知恥地出現在我的面前）。

對方就是抱着這種疑惑，敵意及不信任的眼光在瞪着你。不過，對方也並非完全誤解你，保持百分之百的警戒，只要你誠懇地說明來意，詳加解釋，必獲致意外圓滿的效果，正因爲我們還未向對方說明，所以對方才會抱着戒心等待我們去化解。

初次見面的對手，和你在交談進行中，你發現對方也表現此種眼光，你應當知悉，你的談話內容中，使對方對你抱着某種警戒心以及不信任感。但如果你自認並沒有任何原因，足以使對方產生不信任感及警戒心，那必是對方有先入爲主的觀念，或者聽過某人談及有關你的謠言、壞話，或從介紹者的談吐中得到對你先入爲主的看法，才會導致於這種後果。

當你碰到許久未曾見面的女性，向前問候：

「喲！最近還好嗎？」

正想伸手拍拍她的肩膀的一瞬間，對方或許會投來這種眼神，或意欲接近某個女人，正想走近去和對方交談時，也可能碰到這樣的兇光。這種時候，就是那位女性對你保持着警戒狀態的證據。有些人易被他人視之爲浮華俏麗，也易被他人所誤解。實際這種人是樸實正直的善良人物，身爲此種易受人誤會類型的人，最好在言語、服裝、行爲禮儀上多加當心，免得後患無窮。

8. 眼神毫無表情時

•憤憤不平，對現狀並不滿足

如果誤認爲彼此心平氣和，毫無任何煩惱的穩定狀態下，才會有毫無表情的眼神的話，那可就錯得太離譜了。比如，我們假設，有一位在你結婚前保持相當親密關係的女性，到了如今，也只不過變成單純的友誼交往而已：

「我家就在附近，要不要進來喝杯茶呢？」

當你如此地誘惑她，而她也想來的話，當時大都是顯露出毫無表情的眼神。

「好久不見，最近可好？」

隨着佯裝出來的笑容之後，立卽轉變成毫無表情的眼神。顯現此種眼光的時候，大都是內心有不滿或不安，且都處於無法滿足現狀的情況之下。這種類型的性質，屬於善變者，自我中心，偏見而膽怯等個性。無法誠摯地表現自我的人，尤其是女性之中，更常見到這種性格的人。

正當邊喝茶邊說笑的時候，心情突然劣轉：

「我要回去了。」

倏地起立頭也不回的走了。像這樣毫無表情的眼神，大都應用在企圖掩飾不滿或不平時的手段。

怯懦的人，常被厭惡的對手所引誘。只要一開始卽拒絕，就可簡單了事的，但或許覺得拒絕他人實在有點過意不去，所以只好跟在身後相伴了。膽怯無主見的人比比皆是，也只有這種人會流暢地說些廢話。被厭惡的對象所引誘，而且跟隨其身後而去的膽小者，大都處於眼神無表情的狀態下。不能了解的對象，會因此而更躭心：

「他是不是有什麼地方不對勁呢？」

處在這種狀態之下的時候，即使應邀至酒樓飲酒作樂，也會因之而酒後失態，三言兩語刺激了對方，而大打出手，常也因此而樹立了終生的敵人。

假設你的對手正處於此種無表情的眼神中時，最好是不聞不問，少去招惹爲妙吧！否則本想使對方開心，却不意弄巧成拙，致使對方一肚子的不高興：

「再也不願跟這種人在一起了！」

這樣不歡而散的狀況，可說大多出現於兄弟、同事等相當親密的親朋好友身上。面臨這種人的挑撥時，最好保持堅忍的態度，因爲那正值一觸卽發的狀態，最好避兗揷上一手，火上加油。

❖ 從鼻子的動作探析對方

鼻和耳朵是一個人的臉上，最少活動的部份。因此，留意對方鼻子的動作，而探究對方的內心，也有一定的限度。前面已敍述過鼻子的高低，或朝上，朝下的特徵，以下我們就不顯眼的鼻子動作，如何暴露對方的內心一事，加以說明。

1. 鼻孔膨脹時——・對你表現得意，或對你有所不滿

交談中的對方，悄悄地晃動鼻尖，或使鼻孔一脹一縮時，卽是表示對你有所不滿、得意、或情感被抑壓等，內心動向的表現。普通，當一個人擴大鼻孔的時候，是憤怒或恐懼的表現。因爲在興奮或緊張的狀態之下時，呼吸或胸口的悸動激烈，鼻孔也因此隨之而擴大。所以說，鼻息起伏不定，也正是顯現得意狀態的證據。

對方鼻子的動作，到底是表示他的得意呢？亦或對當時的談話內容有所不滿，或憤怒呢？還是極力在抑壓這些情感呢？從對方談話的內容或其人爲人處世態度如何去判斷，卽可一目了然。

2. 鼻頭冒汗的時候——・欲掩飾內咎或急躁的表現

如果平日鼻頭就常出汗的人，那當然不是問題。我們所要探討的，是那些平日旣沒有鼻頭冒汗現象的人，却突然汗水不斷，這時正是對方的內心焦躁、或顯現出緊張感的狀態。

有些人雖然鼻頭不冒汗，但腋下等處却冷汗直流。如果對方是商場上的交易對手的話，這個時候，是對方無論如何想讓這次的生意談成功的焦急心理所造成的。萬一生意失敗，自己卽完全喪失立場，或可能會招致對自己極爲不利的後果，有這種顧慮存在的時候，內心的焦躁感，使自

己陷入一種自縛的狀態之下，也由於心裏的過度緊張、患得患失，所以鼻頭或腋下才會發汗。

相對的，如果對方和你之間，並沒有任何利益上的關係，但卻也出現這種狀況的話，那表示，對方正極力的想掩他心中對你的內咎感，或想隱瞞什麼秘密，自己內心太緊張，而汗流不止。

想極力促成交易，內心緊張冷汗直流。

3

識破商人的內心

1 從交換名片探討個性

✤ 交換名片是認知對方的最初機會

有句話說：「名字是身體的表現」。如果個人的姓名只是一種單純的記號或符號的話，名片則是象徵自己本身，且最方便的書寫姓名工具。每人戶籍上的姓名（本名），或筆名等變名，依其人自身的性格、性質，或職業種類之不同而有差異，這也是名片的特性之一。名片的式樣千奇百怪，有長形的，也有寬形的，更有較特殊的形狀。如果再加上紙質、色彩等形式的話，幾乎是不可勝數。

因此，從名片上探討個人的性格狀況，是很有可能的事。例如，紙質是光滑柔潤的材料，其性格必是任性，特意獨行，大陸性脾氣的類型。如果名片的紙質是日本紙材，則性格屬於神經質，可說性好虛榮（愛做外觀的裝飾，受人歡迎，好玩等）。名片式樣特殊的人，功名利祿的心理強烈。把姓名和職業稱大書於名片的中央位置上的人，也一樣有強烈的功名心。姓名文字細小地排在名片上，表示其人相當謹愼，小心，經常思前顧後。如上述般，從名片上可發覺每個人的個性。

在這裏，我們介紹一起因過於信賴名片，而遭致慘痛教訓的獨身女性的故事吧！我們姑且稱這個女性爲K小姐吧！K小姐從任職很久的公司辭退，利用退職金自己開一家小店維生。由於第一次做生意，而且又涉及於色情方面，所以內心裏免不了恐懼和不安。有個男人天天都到店裏光顧生意，K小姐並沒有對他表示特別的興趣，只是當成客人的身份，以普通的待客之道偶爾聊聊而已。這個神秘的男子，每次都是搭轎車來。K小姐在好奇心驅使下，頗想知道這個人到底是幹什麼的，於是開始對他感到興趣，向他要了名片。名片上：

「〇〇公司董事」

的頭銜，立卽映入眼簾，同時根據K小姐以往的觀點，認定這個男子是「了不起的人」。此後，她就常應這個男人的邀請，外出吃飯、約會，渡過相當愉快的日子，當然兩人的進展也卽將進入結婚的階段了。有一天，另外一個客人也來到店裏，對着K小姐視之爲結婚對象的男人說了這麼一句話：

「喲！上班時間你敢溜到這種地方來作樂啊！被老板知道，你就慘啦！」

K小姐就像突然被當頭澆了一盆冷水般地呆立當場，而那位名片上大書着某公司董事的男子，却悄悄地溜之大吉，從此以後，再也沒有在K小姐面前出現過。

類似這種名片而造成的悲劇事件，不知凡幾，要防止涉及於這類的名片悲劇，首先不要一眼看到名片的頭銜就輕易信賴對方。光以名片上記載的聯絡電話查證，也是相當危險。最好的方法是若無其事的走訪其人的公司，用你的眼睛和耳朵去看、聽、實際的求證，才不會吃虧上當。

沒有比印名片更簡單更便宜的事。也就因爲如此，所以我們可以說，名片之中也包括了它本身的可怕性和犯罪性。

1 名片上姓名字體很大的人
——·有人情味，但功名心強烈——

一般商場人士的交際名片，大都屬於規格名片，所以很少有機會看到名字字體特別巨大的人。但商場上的職業千奇百怪，應有盡有。不管喜歡與否，身爲商人就必須外出與其他各行各業的人士交接、洽談生意。即使自己的職業並不屬於營業，或買賣性質的工作。但有時候也必須到餐館、咖啡廳去交際、應酬、會見各色各樣的人。

俗話說得好，「人不可貌相，海水不可斗量」，有時從外表的穿着或談吐上怎麼看也不像樣的人，竟然：「原來他就是那個有名的……」，像這樣大感意外的場面，比比皆是。即使不是什麼大人物，但當接過名片，斗大的字體映入眼簾時的那一瞬間，確實也會叫人感到好奇。

從名片的登載，我們可以對該人的職業、職稱一目了然，但名片並不能使我們判斷其人的個性。

喜歡用巨大的字體印上姓名的人物之職業類別，大都是與政治家、醫師、不動產關係、自由業等方面有關係的人吧！我們可以說，愛好粗大字體的人，是個性强的職業，也是個性强的人物。因爲要强調自我意識，所以自然的選用這種粗大字體。

使用粗大字體的人物。可說功名心相當强。外表上似乎相當紳士，給人溫和親切的感覺，但個性上却相當任性。其中大多數與人有種說不出的厭惡感，但只要深交後，就會驚訝地發現他們濃厚人情味的一面。被這種人中意，喜愛的人，他會毫無條件地照顧、幫忙到底，但一旦被討厭的話，一切都免談了。

善於交際，好口才，舉止親切是這種人的特徵。但却從來不會迷失自己，碰到利益之事時，不會拱手讓與他人，因爲他人是他人，屬於以自我爲主的個性。

名片上沒有印上職稱、頭銜的人，具有善變的個性，獨創力卓越，不善於管理指揮他人，也不能被人所用，所以，跟這種人共同合夥做生意，一定要持相當謹愼的態度。

2. 名片旁邊有別號或改名的人

—腦筋尖銳，但也是小心的返逆者—

接過名片一看，在名字左下角，或旁邊的地方加上了括弧（〇〇），或寫上「改名〇〇」。

直接把別號、改名印在名片上還算不錯，有些並沒印上別號，但當我們故做非常注意，表示抱着相當濃厚的興趣時，

「唉呀，這種姓名倒是少見。」

你這麼一奉承，他或許開始苦笑，告訴你：

「不，事實上我已經改名了。」

然後滔滔不絕地向你敍述改名的各種理由，這些理由有時常叫人感到意外。許多改名的人，甚至於感到自己改名是件頗引爲自卑的事。

俗話有云：「名字是身體的表現」。體字本來是「人的根本」的意思。孩子出生後，看看性別是男是女，再以其個性的格調，也就是依據其性格而命名。名字定下後，性格即成爲宿命了（例如男女的名字大不相同，或個性強、弱等等）

因爲自己的性格——也就是名字不雅，而改名的人（不應叫改名，名字已經變成另外新的，所以叫變名比較合適吧），性格多屬於小心，神經質、叛逆性等。這類型人的特性是優於獨創性，腦筋銳利，但是，家庭運衰弱。

由於具有謹愼小心和神經質的特性，所以也具有對自己相當在意的一面，因爲欠缺剛毅性、堅忍性，所以遭遇困難或災禍時，總認爲「逃避就是勝利」，而不敢面對現實解決問題。

自己的缺點，就是自己的性格上的缺點，如果能夠奮發向上，必定能夠彌補缺點，改頭換面。只有思想淺薄，誤認改名就可以改變性格，改變運道的人，才眞正的是對自己沒有自信的人。

3. 材料、色澤、形狀怪異的名片
・對中意者仁至義盡，但缺乏協調性

依每人個性之不同，所持名片之色澤、質料、形狀也不盡相同。有的用日本紙，有的是用乙烯合成樹脂加光的光滑表面。大小形狀有普通判（印刷用規格，開數，59.4×84.1cm的全紙爲A1判，對開爲A2判，四開爲A3判，八開爲A4判，以下類推），小型判（一般爲女性用）二種，在日本甚至也有明信片大的名片，或折疊式的名片。色彩當然是使用黑色以外的各種顏色。但是從色彩、形狀、質料等方面能夠反映各人的職業以及性質，却是相當不可思議的事。

從事販賣自我的人士們（例如民意代表及技藝工作者），大都持用這種特殊型的名片，對接受名片的人而言，這種名片給予他們「大」的印象。同時，此種名片的愛用者們，多屬於特意獨行的人士，對於人的好惡、偏激、依賴心等非常强烈，是溫情家，動輒掉淚。對於喜歡的人，眞是仁至義盡，無所不照顧，但缺乏協調性，易受他人出賣，爲人所欺。

溫厚志節型的人，持用的名片都屬於日本紙質料的較多。就如同日本紙的特性一般，與人高貴、溫馨的印象，使用的人同樣也散發着高貴、溫馨的氣質。使用的女性比男性還多。談吐優雅

高貴，富羅曼蒂克，對美的感覺敏銳等等，是其特徵。職業也多屬自營業（醫生、音樂家），隨年齡增長而敢做大膽的改變。這種人受歡迎，以自我爲中心，但欠缺剛毅性、堅忍性。不願和他人起衝突，但反面而言，採取姑息主義，想面面俱到，四方兼顧的心思雖好，但也因此與他人可乘之機，招致他人不滿，或被他人所欺。

喜歡使用乙烯合成樹脂加工，表面光滑名片的人，很多是神經質、虛榮、和獨占欲强烈。外觀上活潑明朗，待人處事也很誠懇，可說是使人無法憎恨的人士。

特性是豪言壯語，但又故弄玄虛，疑心重、嫉妬心也重。也隱藏着使人感到「意外」的一面。職業大都是中小企業的經營者，但對理財觀念輕。詐欺犯、大騙子也是這類名片的愛用者。彩色名片的愛用者，大都是代表廣濶意義的行業者（例如航空公司代理、旅行社）。加深與海外有緣的印象，也是使用這種名片的特性之一。

4. 比他人較快遞出名片的人

・有禮而且誠意

交換名片時，也有所謂的「禮節」。常識上，普通都是年下者先呈給年上者。但這却是最困難的地方。因爲有些上了年紀的人，看來還很年輕，相反的，年紀輕輕的，看來却老態龍鍾。因爲有這樣的難題，爲不使自己造成失禮的後果，比對方更先遞上名片，可與人誠實謙虛的感覺。

不過，在日本一般都是由年下的先呈出名片給年上的才是應有的禮貌。在商談、交易進行時，光以交換名片的方式，即可判斷交易是否成功、失敗。

比對方更早遞上名片，是着重誠意的表現。先遞上而站在接受的立場，其效用是愼重、厚重、重禮儀。收到名片後，仍然不拿出名片給付對方的人，則是粗魯、無禮、拒絕的表現。

在對方指定的時日、地點、和對方面談時，基於禮貌上，身爲受者的人，通常先遞出名片。

「我叫〇〇」

然後呈上名片。

也有人不拿出名片，僅說：

「因爲不怎麼有時間，所以……」

只收別人的名片，而不拿出自己名片的人，乃是粗魯、無禮、拒絕的意思。

從這點上判斷，這種情況下，即使你再如何熱心的說明分析仍然不會收到任何效果。這時應該請求對方交還你的名片，然後較對方先行離席。不要以爲損失一張名片沒什麼大不了，免傷和氣爲要。其實問題才大呢！這是爲求自己不受害的做法。如果認爲名片只不過是白紙黑字而已的話，那可就大錯特錯。名片刻上我們的名字，是我們的身分。只要你想保護你自己，就不應該隨便地讓名片滿天飛。

無妨以你自己站在相反的立場上想想。不中意的商談時，即使對方拿出名片給你，你也不願意把名片給對方的。如果能夠恭謹地拒絕的話，最好在不失禮的情況下，把名片還給對方。這樣做，不但保全對方的顏面，也使我們免於受害。

5. 名片上附記交換時日，場所的人 ——策略家，但慎重且興趣廣泛

我們經常無法將名字和長相聯想在一起。交換名片而保存起來，再次整理時，常因回想不起其人的面貌而煩惱不已。

本以爲初次見面，正想掏出名片時，不想對方却說：

「不用了，你上次已經給過我了！」

不是碰到這種尷尬場面，就是日後看到名片，怎麼也想不出在什麼時候，那個地方，爲了什麼事，跟什麼樣的人見面。

像這樣，把一切都忘了，眞不曉得交換名片是幹什麼用的。名片交換是促進人際關係，使之更有「緣份」的東西。珍惜我們曾經見過面的人，是使自己招致「好運」的訣竅。遺忘認識者的姓名，不僅將渡過缺乏將來性、沒有運氣的人生，也無法拓展人際關係的範圍，只可說是閉鎖的人，人生的落伍者。

短時間內再次和曾經交換名片的人相遇時，遺忘對方姓名不僅會成爲會話上的障礙，甚至於使人懷疑你的人性，使自己蒙受不利。

在名片上記載相見的時間、地點、介紹人、以當時所談的話題，保存起來，不僅不會有想不起長相、名字的煩惱，下一次，要再和見過面的那個人相會面時，只要拿出當時所記載的，過目一下就行了。

「上一次就在這一家店裏受到你的招待。沒想到你那個時候還喝了四碗湯，眞叫人驚奇呢？」

這麼一說，對方也會猛然回想當天的情況：

「呃？就是說嘛！」

對方也會因此認定你不是個普通的人物。這也是你們兩個更進一步的發展新交易的絕佳機會。可從這兒慢慢地談到生意上的事。

像這樣在名片上附記綱要的人，可說是愼重派人物。大都是腦筋銳利，以廣泛的興趣爲樂的人。如果你是拙於社交性的人，無妨參照一下這種做法。或許會使你更受歡迎吧！

6. 在公司名片上附印「自宅」的人
・有責任感、特立獨行的能幹者

對於一般的商人來說，在名片上附印自宅電話、住址的話，可能會遭白眼，或正在做慚愧的事等，懷疑其妥當性。因爲這種疑慮，所以通常都除去自宅的通訊住址和電話一項，等到相當地親密後，才給予「自宅」的通訊處。但不可思議的，卻沒有人懷疑這種事的可疑性，不禁令人感到工商業界的狹窄。

上班時間準時外出，下班時不得不打卡回家，除卻這種公司制度的話，一天二十四小時爲工

有責任的人在名片上附印「自宅」通訊處。

作追逼的人和業種也不少。立於此種職業、立場的人，正是孕育特立獨行的要素。換句話說，他們站在負責任的立場，是能幹的人物。

對於站在負責任立場上工作的人而言，打卡上下班並不只是代表工作告一段落。他們也並非工作做不完，回到家後，又匆匆趕到外頭洽談生意，或以暫時休閒爲藉口而行踪不明的人。負責任的人，在名片上附印「自宅」的電話，所以我們更可因此而判斷出這個人在能力、社交等各個方面都相當優秀。

當然，也並不是說，光以名片上附記「自宅」電話這件事，就可以當做我們判斷他是個能幹者的證據。一個人如果對自己本身沒有責任感，對工作沒有責任感，是絕不會附記「自宅」通訊處，替自己找麻煩的。把自宅當成事務所和工作場所的自由業者們也一樣。

假設你和一個重要的交易對手洽談，發現他並沒有附記「自宅」的通訊處的話，無妨請教他看看：

「對不起，可不可以請你告知貴府上的電話？」

如果對方是個清廉潔白的人物，必毫不躊躇的立刻告訴你吧！但萬一對方支吾其詞躊躇反顧的話，你應該保持相當的戒心。

像這樣，在名片上附印「自宅」的做法，各有利弊。一方面不僅有對自己負責任，對社會負責任的效果，同時遭遇突發事故的時候，又可以當做緊急聯絡處，立刻解決問題。相反的，我們也不可忽視、這樣做，也有易被他人所利用的缺點存在。當然，這在把名片給他人的時候，就應該小心注意，不可亂投。此外，不太有關連性的對手告訴你，他「自宅」的電話、住址的話，你也要警惕提防。

7. 同時具有兩種身份名片的人

・屬深謀遠慮型，易做出出責行為

絕沒有人因爲頭銜太多，一張名片裝不上，所以一次拿着兩張名片示人。同時具有兩張名片的人，大都是在本職之外尙有其他興趣，或打工，兼差的情形之下出現的產物。

或許你的同事也會突然亮出名片給你：

「這是我的副業名片……」

使你大感訝異——原來這傢伙還從事這種工作啊！在公司內不甚起眼的傢伙，在第二張名片上竟然印着「〇〇教練」的字樣，或甚至於某某筆名，不由得不令人感到由衷的敬佩。

公司的經營者或知識階級者具有兩種不同的名片，並不是什麼值得大驚小怪的事，問題在於，擁有兩種名片的人如何在使用它們。交易上的上司跟你說：「你可千萬要保密哦」而遞給你第二張名片，或許你也常碰到這種事吧！爲什麼要你保密呢？因爲萬一被公司知道的話對他不利。

因此對於那些兩張名片分開使用的人，我們應看出他們是深謀遠慮型的人。平日裝出一付忠於公司，勤於職守的姿態，但實際上却在暗地裏做出種種背叛公司、出賣公司的勾當。

有這種人存在的公司，必有其疏忽散漫的一面，絕談不上什麼發展性，更不用談「錢途」了。

和具有兩種名片的人商談交易，或請託幫忙時，最後都是由他們獨占成功的果實。

「你如果想要成功的話，我永遠支持你。」

像這樣地，假公濟私。卽使事情並不是靠他幫忙而成功，他也大言不慚的邀功：

「告訴你，實際上是我暗地去請求他協助的呢！」

這種人對於爭利居功方面的作風相當拿手。

像這樣的人，必定有其生存於往日光榮回憶下的一面，因爲不願使夢想在幻想中結束，所以大都浸濕在現實的縫隙裏生活。

「我的本職是不動產經紀人，但是我又投資兩三百萬或立新的公司，結果過了五六個月，仍然一點起色也沒有……。」

「什麼？你的本職是不動產經紀人，不是……？」

或許你也常聽到這類的對話吧！

8. 名片用光或不帶的人

・孤注一擲的危險人物

「您好，在下是〇〇〇，請多多指教！」

當我們必恭必敬的遞上名片給初次見面的人時，對方如果表示：

「客氣，客氣！我的名片剛好用光了，所以……。」

我們內心裏大概不會很高興吧！

「媽的，開什麼玩笑，你以爲別人是什麼東西，我是看在介紹人的面子上不願多說而已，討厭的傢伙」。心裏一有不快，根本用不着再多談什麼了。像這樣第一印象就覺得很厭惡的人，日後從介紹者口中再聽到有關對方的詳情，竟然是比自己資歷還淺的生手，要不然就是掮客之流的詐欺能手。說不定某天介紹者說溜了嘴，還會跟你說：

「最好避免和那種人在一起。」

或者：

「他說你對女人方面很不檢點。」

簡直要令人大感懷疑：

「你到底是幫那一邊的忙？」

不過，千萬別因此而氣餒。應當據理力爭，告訴他眞正的情況是如何。既然曉得要跟他人見面洽談，絕不會有用光名片的道理。也沒有人明知對方和女人搞三捻四而又甘願和他往來。無論介紹者是多正直、正派的人物，他所介紹的人之中，也會有一兩個是難以對付的傢伙。你無妨告訴介紹者：

「你的友人之中，有這種不通情理的人，連你也會被人家取笑！」

對方要聽不入耳的話，不理他就行了。要被騙或趁早了斷，全在於你自己的決定。

像這種以名片用光或不帶名片爲藉口的人，大都是孤注一擲的投機者類型，是相當危險的人物。

初次見面彼此還了解不到三兩分的人，立刻以交往數十年般地親熱口氣相邀。

「去喝一杯吧！該不會討厭喝酒吧？」

像這樣地，完全以孤注一擲爲目的，在不了解對方的心思和性格下，順其性子必遭對方的中傷或不滿，小心爲要。

9. 到處給名片的人

・有詐欺的意念，但識人的眼光敏銳

在前面已分析過，使用乙烯合成樹脂加工過的滑潤名片的人，都是蓄意詐欺的傢伙，那些到處散發名片者的心理也一樣。

初見之下，很容易覺得這種人是相當優越的常識派，不過，我們要留意對方過度散發名片的行爲。不論直接或間接地到處給名片的人，都是特意想販賣自己的野心家類型，這些大多是自我顯示欲强烈的人。這種人不但容易忘記自己在什麼時候，拿名片給什麼人，而且輕易的把名片當成一種傳單，漫天亂撒。

想一獲千金的詐欺犯漫天撒名片。

這種人在和他人初次見面時，首先裝出一付閒散的態度。而在故做閒散之中，以其敏銳的觀察力，特意地冷眼旁觀他人的一舉一動。換句話說，他把對方區分成對自己有利益的人，和對自己沒幫助的人。如果對方眞有利於自己的話，卽使對方不亮出名片，他也絕不生氣。但如是對自己沒什麼利益的人，卽使交換了名片，也故做陌生狀，不理不睬。

對自己有益處的人，就像惡狼面前的小羔羊一樣，伺機襲擊，而且他們偸襲的技巧相當高明。不過，其特徵是付出的代價高而回收的報酬少。

如果這種類型的人是經營者的話，都是老板兼夥計，推車四處奔波的勞苦生意，雖然常想不勞而獲，大撈一筆，但也常有偸雞不着蝕把米的危險性。由於事事並不盡如自己所想像般順利進行，所以易變成詐欺者騙財。

特徵是外觀採取低姿勢的態度，但也有令人感到男子氣概的一面，亦有其言行不一致之點。

10. 以他人的名片自傲的人

・以自我為中心但却大受歡迎

有類人，裝做若無其事地掏出一疊名片，自豪地述說自己和這些人是如何地親切深交，也有人抓出大把不經整理的名片，來翻西翻東地找尋自己的名片。

像這種帶着大把他人名片外出的人，大都是以自我爲中心的類型。其特徵是活動性，口才很好，說話絕不會出任何紕露，也是能夠獲得他人愛戴的人物。精力絕倫，富有活力。

受他人之託時，也輕易地一口承諾：

「沒問題，交給我辦好了！」

請託的人常因此誤以爲這種人眞是可靠又爽直，結果却大失所望。「上次你要求的那件事，好像沒什麼希望」。卽使事情沒有辦妥，但也不會自覺慚愧，仍然一如往昔地談笑風生。最後仍然反覆着同樣的行爲，輕口承諾而……。

如果對方沒有表示嚴重的不滿，他仍然與他們當成友人相交往，如果提出任何激烈的不滿時，則立刻與之疏遠。這種人原本並非可以託付重任的人。

這類人是自己的私事比別人的事看得更重要的自我中心類型。拙於應酬酒宴、喝酒，對異性有強烈的興趣，且受人歡迎。喜歡邊喝酒邊和他人洽談事務，雖然酒醒後並不會說出類似：「有這回事嗎？我忘掉了」的不負責任言語，但是，最好在與這種人商談之前，能夠立下約文保證。因爲這種人有其意志薄弱的一面。

信任的「信」，是「人言」的意思，不過，信用這回事，似乎不適用於這種人身上。

欲控制像這種帶着他人名片四處走的人，最好能了解他們「無聊」的心情。給予並拿走是重要的條件。

愈了解這種人愈覺得恐怖。既會做菜，又處處爲孩子煩惱，口尖舌利……。要緊的是，和這種人交往，可別期望有什麼利害關係。

2 由接電話的態度判斷個性

——意志薄弱，也有尖酸刻薄的一面——

1 自己不報姓名而找人

在公司裏，常會遇到這種情況：接電話的女職員歪着頭，百思不解的樣子：

「陳先生，找你的電話，又不肯說他是誰……。」

當你抱着七上八下的心情，拿過話筒一聽時，對方無論如何也不自報姓名，只說：

「老陳是嗎？是我啦！」

即使打電話到女孩子的家中也只是用：

「喂，張公館嗎？張小姐在不在家？」

的口氣，根本不報姓名，像這樣不懂電話禮節，唐突地四處掛電話的人必定不少。

當對方回答：

「我女兒不在家吔！」

他立刻碰地一聲切斷電話。接到這種電話的人，內心裏一定會有不快的印象：

「到底是什麼人呢？眞是不懂禮貌的人。」

就算你費盡口舌解釋對方其他的長處，但總無法叫人信服是可預知的。

這種人必定有尖酸刻薄的一天，尤其面對面時，更以尖酸刻薄的口氣挖苦人爲豪。但有英雄主義的心理，對於弱小者非常親切，眼見朋友在受苦受難的話，絕不會袖手旁觀。但對於家屬的態度隨便，卽使約定好也會失信，不是可信賴之人。卽使失信，也會大言不慚地辯解：

「我們不是好朋友嗎！何必爲小事斤斤計較呢！」

意志薄弱是這種人的缺點。所以，打電話給相知的友人時，才會莽莽撞撞地打唐突的電話。

如果你的友人之中有這類人，只要注意他打電話的方式就行了。

2. 談到主題之前廢話很多的人

·親切而善於助人，但無法寄望有多大的成就

無法和對方面對面的電話會話，是頗令人感到爲難的苦差事。說不定正在洗澡時電話來了，又得表示歉意：「對不起，我光着身子接電話」，又得再三地點頭稱是，很多人在無意識之中常

會有這樣的動作出現。相反的，也有人兩脚蹺在桌子上，邊挖鼻孔邊大打謝罪電話的人也似乎不少的樣子。

在電話中傾聽對方說話，而且也能獲得對方好感的人不少，那就是廢話連篇的人。碰到不是對方本人所接的電話時：

「哦，是伯母啊，我是小張啦！好久沒有去拜訪您了，近來很好吧……。」

也能像這樣的不忘奉承對方幾句。而且還頗能相當了解對方處境般地親切交談，這種類型的人，大半以所謂「說教口氣」說話，無論男人或女人，都能夠親切，和藹地照顧他人，解決他人的難題。

和他人交接時，也絕不會大聲說話，永遠都以孜孜不倦的神態說話，是安靜而沈着的人。但這種人絕不是一本正經的人士，三杯黃湯下肚後，談笑悅人的意外本領也不錯。大力發揮愉快的一面，達到使他人歡笑，而自己也自得其樂的境界。

在酒宴中，大肆批評他人這個不是，那個不妥，這種場合只是想糾正他人的不正或不當，絕不是想強迫他人接受自己的觀念。這種人經常會站在他人的立場爲他人設想，有其溫馨的一面。雖然常數說他人的不當，但絕不會惹起他人的反感，永遠被周圍的人所愛戴，事實上，這種人在人世間可說相當少見。

數說他人壞話也不會和人交惡的人。

欠缺行動力，和對女人的感受力薄弱，是這種人的缺點。

如果你的男朋友是這種人的話，無法期望他能有多大的成就，不過，至少你們兩人可渡過美滿而和氣的一生吧！

3. 正事以外的廢話絕口不提的人

·好惡明顯，但能堅持至最後

「今天晚上七點鐘，我在老地方等你。」

像這樣既不打個招呼也不來個喂喂什麼的。正事說完後，立刻切斷電話，如果你的友人是這種人，他們好惡的表現相當明顯。

「上次的事怎麼樣了？」

僅說這麼一句話就沒聲音了，使接電話的人楞在當場，搞不清楚到底是誰。像這樣只談正事的人，大都屬於急躁、任性，而沒耐性的性格。

和他人相約見面，絕不會比對方先到等候。因為這種人無法等待得了。等個五分鐘就立刻怒火中燒，這種人生氣的精力似乎特別充份。

自然地會讓他人先等。而且讓他人枯等也是以若無其事的態度：

「哦，怎麼樣了？」

只有這麼一句話，也不會表示歉意。好像根本不覺得自己已經遲到了。與人豪爽的感覺，工作能力也相當優秀，但好惡的表現激烈，人際關係並不很和諧。

這種人常常想些與衆不同的事情，對事物有豐富的經驗，一旦迷上就不辭勞苦地幹到底，熱度一消失，什麼都不管了。不過，開始進行某件工作，無論中途遇到多少挫折、多艱難，絕對會堅持到最後，把工作完成，這種人就是有耐性。

但是，很怕麻煩，無論什麼事情都是看看就算了，必要以外的事物絕不涉及，例如寄來的廣告郵件，也只是瞥一下封面就丢掉了。

如果不是有利於這種人話題，絕無法和他們深談。用酬金方式必可奏效。不過，即使相交了，這種人也不會是好交往的人物。

4. 答話永遠都是千篇一律的人

•常保持警戒心，工作和私生活絕不混為一起

接電話時，永遠都只那麼一句：「喂喂，我是小張……」。然後就停住，等待對方說話的人不少。

這類型的人可說警戒心强，算計也高明吧！回話的聲音總會令人覺得柔和而小心翼翼，似乎永遠都有猜疑心的樣子。同時，因對方的談吐方式而被左右情感，也是這種類型人的一大特徵。例如以奉承的口吻與他交談時，他回答的聲調也開朗而神采飛揚，要是說句不中意聽的言詞，他的聲調立刻又沈了下來。

這種人對工作上以外的交往，或正事以外的東西，絕不混爲一談。也就是把工作跟私生活區分得很清楚。普通人很難把私生活跟工作嚴格劃分，但由於這種人徹底地實行這樣的做法，所以也有他貫徹始終的一面。因此，卽使在熱戀中，如果女朋友打電話到公司，也會引起極大的反感。到了下班時間也不可能立刻離座回家，經常都在等待遊樂的機會。工作方面雖看來相當勤勞，但工作外却也有大吹「我最喜歡女人」的一面。

這種人和你交往的話，也只是站於你對他的工作上有利用價值而已。而且還是以付出最少的代價，回收最大成果的心思和人交往，屬於言行不一致的人，所以仍然還是小心爲要。

3 從商談場所判斷

1 喜歡在咖啡廳商談的人

・凡事天衣無縫，不願露出底細

對方從不邀請：

「有空到公司來坐坐。」

而你根據名片上的通訊，在公司附近的公共電話亭裏掛電話過去時，他却說：

「我正要到○○咖啡屋去，你在哪邊等我一下好了。」

像這樣，並不邀請對方到公司裏來，而喜歡到其他場所商談生意的人，一方面或許因爲自己的公司太小，不願被對方看到，不然就是平日誇大其詞，怕別人識破自己在公司內其實並沒什麼權力地位，或者只不過是租個電話做生意。像這種喜歡在咖啡廳內洽談的人，無論在名片、態度、服裝、談話技巧方面，都掩飾得天衣無縫。

店主信任而給予簽帳，日後到公司去收帳，却鐵青着臉回來：

「上當了，根本沒有這種公司，也沒有這個老板嘛！」

我也聽說過票據掮客被騙的事。他到對方指定的咖啡廳去，請求對方商借融資。對方所介紹的人也坐於同家咖啡廳的另外桌，當時並不怎麼期望可以借到融資。但被介紹那個人名片上的頭銜似乎是個了不起的人，於是完全地信用那人，等到後來發覺時，才知道上當了。

我們常可見到使用咖啡廳的電話，臉紅脖子粗地似乎正在跟某人談論着什麼事情。如果你和這樣的人之間有重要的生意往來，最好能夠事先小心地試探對方的態度：

「有機會我想到貴公司去走訪一次。」

假如對方這麼回答的話：

「不，不用麻煩你，還是我到貴公司去好了。」

那就不得不令人懷疑了。可以說，他必定有什麼不想讓人家知道的秘密存在。相反的，也有人一開始就邀請你：「到我們公司走走吧！」這種類型的人，也是利用使對方遠離不安的心理，巧妙地運用詭計。只要觀察對方公司職員應接電話的態度，以及出入其公司是什麼樣的人，就可以識破他內心的陰謀。在對方公司的會客室內，如果對方的手指頭像在彈鋼琴一樣地敲個不停，或猛彈香煙灰的時候，表示這個人正處在內心動搖而緊張、或興奮的狀態下。或者坐下不久立刻就反覆着沈不住氣的舉動？這些情況都需要深加觀察。

2. 喜歡在酒吧或料理店商談的人

・有名譽欲的小奸小邪之人

有種人總是小心翼翼地告訴你：

「務必請你要保密……。」

從話語中判斷也可一目了然，他不希望被第三者知道某件事。平日交情不錯的兩人中，或許有一方會老老實實的向一方表白：

「實際上，我的信用不太好，請你保密，絕對不可以說出去哦！」

這樣的人不僅是受人喜歡而已。對於與自己無利害關係的話語，也僅限於當場隨聲附和、奉承而已。如不知道他們的這種個性，而追問：

「上次你說要幫忙我那件事怎麼樣了？」

對方會立刻改變口氣，顧左右而言他。相反的，只要事關己利的時候，會滔滔不絕地跟你談論個沒完，甚至還執意相邀：

僅在當場談論無利害關係事情的小奸小邪。

「乾杯吧！我還認識另一家酒吧，我們再到那邊去喝一杯。」

使人頗覺得這種對手似乎很足以信賴。但觀察其進展狀態，常可發覺事情並不怎麼對勁，假設我們追問時：

「上次的事怎麼樣了？」

他又以充滿誠意的口氣回答：

「我正在進行，再等候個兩三天吧！」

但一等不是兩三天，而是三兩個月。像這樣，喜歡在酒吧或料理店商談的人，就算請託對方辦事，也只不過請他白吃白喝而已。因爲他們缺乏實現性。

這種人也意外地多屬於一語道破要求重酬的類型。如果對方是有名譽、有地位、勤奮努力的人，則他們要求重禮相贈的意思就更明顯，所以才會故弄玄虛的邀功：

「這件事千萬要保密。」

致贈重禮下，商談已經沒問題了，但是直到成果出現之前，還是不能掉以輕心。

日本的大商社和國會議員之間的暗地勾搭，也大都以這種料理店或酒吧爲商談場所。不過，這種人對他人的謠傳相當敏感，不愉時所有反逆性皆表現無遺：

「事到如今，再多拿一點錢出來，否則怎麼辦事？」

這樣的人在你周圍必定也不少吧！

3. 指定時間在公司會談的人
·有誠意對工作有自信的實力派人物

當我們請教對方何時見面較方便時，有的人會指定時間，要我們到公司去洽談：

「某日某時左右，請您到公司來一趟！」

這種類型，就是在公司內對自己的工作有信心的實力派能幹人物。

不過也有人是這麼說的：「到公司的話，別忘了找我哦！」這種人和：「請到公司來」的類型接近，但是當你眞正到了公司找他時，却又說：「我馬上下來。」而約你在公司附近的咖啡店內商談，這種人大多是實力不足，不滿、好玩、秘密主義，以及特立獨行的類型。

這種類型和直接指定在咖啡店內洽談的類型是相同的。卽使這種人煞有介事的掛電話來：

「我有重要的事相談，你能過來一下嗎？」

其實也不是什麼要緊的事，或許只想提醒你招待「一晚」而已。同時，工作方面的事根本尙未完全決定，但却以肯定的口氣說話也是這類人的特徵。到了收帳的時候，指定時間、地點，要你：

「你直接到公司來好了。」

的人是有誠意的表現，而不誠實的人却會這麼說：

「到公司來不方便，請你在樓下的咖啡店等我好不好？」

卽使平日表現得多了不起的姿態，實際上，在公司內却是實力不足的傢伙。遇到這種人，應該事先請教：

「找個時間到貴公司走訪一趟好不好？」

必可發現他表現出相當不方便的樣子。

「直接到公司找我沒關係。」

這種人才是眞正有實力的能幹人士。

4 從辦事態度判斷

1 終日想抓住機會的人

・外向型，為達到目的不擇手段

身爲一個商人，從他對工作上是否誠實、勤勉地努力工作態度中，即可做爲判斷這個人身價的基準。

不過，還是有人把自己的工作置於第二，而經常想找其他的機會。這種類型的人，大都屬於外向型。爲達自己的目的和野心，不惜千思百慮，想盡手段方法接近對他有利的事物。同時視多少的犧牲和批評爲達成目的之當然代價。所有可能利用的就完全利用到底是這種人的特徵。

如果意欲辭職時，會到對立的競爭公司去說長道短，昨天還向他人租居，今天就想自蓋一棟樓房的個性。

像這樣，對自己有利者必死纏到底，毫不放鬆，卽使放棄自己原本的工作也在所不惜，反正把力量完全投注於自我的利益上。

甚至於連公司的同事也感到莫名其妙：

「這傢伙到底是替那邊辦事啊？」

這樣的人物在你周圍也常見吧！

女人中也有這種類型，反正這樣的女人易散播麻煩之種，應當小心應付。

2. 接受工作前先考慮責任的人

・內向而掩飾內心的薄弱，採取正反面的行動

有種人，卽使面對自己的能力無法解決的工作，仍一口答應下來：「讓我做做看。」接受才又後悔：「眞糟糕，當初要是拒絕就好了！」相反的，有種人在接受工作之前首先考慮到責任的問題。這種人可說是屬於內向型。換句話說，這是劣等感的表現。

這種類型的人，因自己無能（欠缺自信或能力），相反的，爲壓抑自我的薄弱性，所以轉化成各種行動表現反抗的心理。例如絕不向任何人低頭，不請託任何人辦事，完全拒絕他人的忠告或協助。永遠趾高氣揚，態度冷傲，頑固地拒絕他人的干涉。他人對自己些許的批評也會因之感傷，這是此類型人的特徵。

因爲他們懼怕，接受較自己更有實力者的協助或意見的話，等於是承認自己的無能，和劣等意識，因此，爲求不讓他人發覺自己的劣等意識，所以永遠都在演戲，採取和內心完全相反的行爲。

像這種類型的種類有各色各樣。

①使人感覺豪放磊落的人。

②謙恭有禮待人接物圓滑的人。

③被肯定評價爲誠實的人。

＊不安神經症

不安神經症多見於明朗幹練的商人身上。想完成工作不惜超越自己能力的界線，結果身體負荷不了壓力而發作，許多是俗稱「工作蟲」的類型。

忙碌的時候還好，一旦安排令自己過份忙碌的日程的話，胸部引發壓迫感、心跳加速是這種人的特徵。這種現象又稱爲心臟神經症。

④殷勤無禮的人。

有時劣等感基於某種意義上，是良好的刺激劑，有時會激發一個人努力奮發向上。這種人一旦站在某團之上，指導、支配他人時，則又發揮出利己主義的個性，拿着雞毛當令箭。

3. 工作失敗就變成神經衰弱

・踏實但與他人不融洽，腼腆類型

也就是俗稱「厭惡他人」的類型，屬於非社交的性格。與躁鬱質的性格相反，絕少能與他人融洽相處。對周圍的事物也毫不關心。生性踏實多少有點偏激而且性格腼腆，因此閉鎖在自己的象牙塔之內，很不容易與他人融洽相處。因此，也拒絕他人進入自己的內心裏，經常只生存在自我的內心之中。

不願親近他人，寧願接近大自然或書籍，以孤獨爲樂。在人前沈靜而膽小，情感纖細，易受傷害，神經質而興奮性强烈。工作失敗的話，易陷入神經衰弱的精神狀態下，許多是在安逸的環境下成長的人。

如果在美麗的女人面前，雖也强烈地意識到對方的存在，但却手足無措，態度曖昧，無法與她積極地交談，或採取什麼親密的行動。雖生性如此腼腆，但却鎮日沈思，所以常有出人意料之外的行動發生。舉止、動作敏捷迅速，但勞動身體工作的話，又立刻覺得疲勞。

和這種人做生意，首要在於避免給予對方產生警戒心。以坦誠的態度與之相交，別讓對方誤以爲我們心中有所隱瞞。生意談成之後，必趁對方尚未改變主意之前，立刻完全地把契約定妥，以防萬一。千萬別以對方的口頭承諾而安心，就怕對方態度來個一百八十度的轉變。因爲這種人也是經常不滿，後悔的類型。

如反對而商談無法順利進行的時候，無妨暫且引退，等改變心意後再與之交涉。因爲這種人心情不定，經常改變心意。一旦能夠巧妙地運用對方的話，無妨吃定他們。

※鬱悶型神經症

這種人多屬於高爾夫球、網球迷等愛好運動，且好奇心強的意欲家和野心派類型。不但熱衷於工作，也熱衷於遊樂，如過度玩樂或工作過度時，首先出現的症狀是失眠。清晨起床困難，積留疲勞感。相形地對工作的興趣也因此減低，爲挫折感所困，喪失內心的餘裕感。結果不再熱衷於工作或遊樂，連喝酒也索然無味，變成消極性的病態狀況。

4. 故做忙碌狀的人

●炫耀權威，志得意滿，但有能力

久未謀面的友人，見了面就說：

「唉呀，眞忙死了，很想好好的休息，可是又休息不了，這個是……」

像這樣表現得很忙碌的人不少，這種人也大半是有能力者。

會話時，也立刻炫耀自己的權威性，志得意滿：

「你知不知道，在咖啡內放進一點點的塩，喝起來味道很棒哦！」

到處發表異論，宛如告訴別人，我可是個無所不知，經歷出衆的人哦。

如果你反駁他：

「這種事我早就知道了。」

對方的臉色一下子又立刻沈了下來。

同時，又有重覆地提及同一件事的癖好，只要你不提醒他：「這件事你告訴過我了呀！」他必滔滔不絕地扯個沒完沒了。談論某話題的話，立刻毫無止境地談這個、談那個，連最初到底談什麼主題都忘得一乾二淨。被人介紹與他人認識的時候，不管對方聽不聽，也一樣得意地談起自己以往的自豪事，結果只是招致他人的嘲笑，例如：

「我現在是從事這種職業，不過我以前是在〇〇公司擔任〇〇的職務。」

＊疲勞性憂鬱狀態

常見於不滿現狀而期望高的人身上。想要致鬆的心理倍增了疲勞感。雖天生有衝刺力，但卻無法發揮出來，憂鬱感和極度的疲勞感，使原本幹勁十足的情緒，一變而轉化成「我做不來了」的焦燥感。如此一來，使腦筋的活動更加遲鈍，致使辦事效率更形低落。睡眠不足當然也是原因之一，但直接的原因卻是想要放鬆的心理造成的。

跟這種人相交接時，絕不可只站在聽衆的立場，聽他亂蓋，最好能提供一些他所不知道的話題，如此就能使他跟你更接近。

這種人就某方面而言，有點無聊，但別忘了「給與取」。經常不忘奉承幾句，必可使他站在你這邊，他們還有一點老大哥的氣概呢！

5. 指責辦事不力的同事的人

・難以取悅，本質屬懶散的人

這樣的人也常見。也不是說不曉得他們成天在想些什麼怪主意，只是思考和行動跟別人就是不太一樣。因此並沒有不理解他人的頑固性，但却易偏向於自己的觀念或嗜好。

仔細觀察此種人的言行舉動，可發現他們待人處世也很有原則，只不過是這種原則非常容易改變，而且大都不易爲一般人所理解，公司內有這種上司的年輕職員，必會吃盡苦頭。例如同一件事，從前應允屬下去處理，日後再遇到同樣情況却又阻止屬下依樣處理。年輕的屬下們大都因此而憤憤不平：「這到底是個什麼理由嘛」，不過，上司總歸有上司的理由、做法。

周圍有這樣難以取悅的上司的話，一定是相當頭疼的事。換句話說，他們的心情時好時壞，

＊憂鬱病

這種病從前被視之爲精神病。特別是身任中間管理職位的人最多，既不用動腦筋，也用不著下決斷，既無法協助屬下，又不能向上司解釋，結果變成爲「啊，眞想一死以求解脫」的絕望感，厭世感所困。大都是踏實的努力者、誠懇的獻身家，及過度有責任感的人。自我逼迫自我，可說「至死方休」的心病是這種人的心病。

心情不好的時候，凡事都反對到底。

這種類型的人，也經常指責工作不力的同事或屬下，這是因為要掩飾自己懶散的本心。

和這種人往來時，要了解對方到底討厭什麼樣的事物。無論多微小的舉動，例如問候應酬的方式，進言的方式，公文的擬定法，我們的談吐態度等，都足令他們耿耿於懷！因此要絕對避免粗枝大葉的思考或做法，才能與之深交。

6. 事不關我只做自己份內事的人

・無體貼心，雖覺冷酷屬盡我份內事類型

工作中突然街上響起警笛聲時，有的人會立刻離坐，好奇地衝到窗前：

「幹什麼，幹什麼」，「發生什麼事了！」

但也有人依然穩坐如泰山，默默地做着自己的工作，管他家的事。

這樣毫不關心他人者，屬於知識階級較多，心理上的自我意識非常強烈。因此不願被他人所影響，一切事物都以自我為中心，自我思考，自我採取行動。毫不關心他人如何思考，自己理解多少。所以沒有體貼他人之心，相當冷酷。由於根本不接受他人的忠告或指揮，因此，一概拒絕他人，也因不關心他人，所以也不會支配指揮他人。自尊心比他人更強是其性格上的特徵。

在你身邊，至少也有一兩個這樣的人存在吧！這種人絕非可以交往的人。例如，無論我們曾

借過他多少次錢，等我們遇到急用，向他商借時，對方却擺出泰然的態度，硬是不肯借。這種人受到他人恩義，視之爲理所當然，回報他人則相當冷淡。

同時，個性浮動，所以承諾他人之事，也以自己的情況爲便，簡單的就翻臉不認帳，絕非可信用之人。

天生屬於自私自利的利己主義者，和這種人交往，要保持相當的距離。因爲自尊心强，一不小心傷到對方的自尊心，洽談商務絕無法順利進行。就算提出要求，他也不會接受，訴之以情，也只不過被他嗤之以鼻，冷漠的回絕而已。

＊情緒症

日本人最常見的神經衰弱症的一種，大都是過度留心自己身體的健康狀況的人。稍爲頭痛就神經兮兮的自忖著：「是不是患了高血壓了」。稍爲瀉肚又大驚小怪地認爲：「大概得了胃癌了吧！」俗稱「瀉症神經質」類型，就是這種人。感情方面多屬於正義感，理想主義等十全十美觀念重的人。原本都是神經質類型。結果長命百歲者相當多是其特徵。

但這種人對於利害關係非常敏感，可以利用的，大概也只有這一點吧！即使事先如何肯定地承諾，中途仍有爽約背信的可能，絕不可掉以輕心，非到最後成功階段，絕不可放鬆。

偶爾你引誘他：

「怎麼樣，去喝一杯吧！」

對方也只是冷冰冰的答你一句：「我不會喝酒。」但自己私底下却到高級酒廊去飲酒作樂，可說是自私自利，專斷獨行的人。

5 從興趣、嗜好來判斷

✣興趣、嗜好反映心理狀況

每個人都有嗜好、興趣，從這方面也可看出各人有趣的深層心理。

「那個人的興趣不凡，而且興趣遠超實利之上！」

或許有人會這麼說過，外觀的舉止言行與人高雅的印象，但其實內心裏，却正爲工作或家庭瑣事所惱。

只有「反正回家也沒什麼樂趣」或「沒有心情工作」的人，才會異常熱中於其他嗜好上面。例如，獨自以撲克牌占卜，以打電動玩具爲樂等等，可說大都屬於逃避現實類型。愛好類似麻將一樣，大夥兒鬧哄哄地湊在一塊兒的人，是精神安定型。

「喂，晚上要不要摸個八圈？」

「不，今天沒心情，改天好了！」

像這樣拒絕的人，是精神不安定的證據。你的周圍，也有許多愛好高爾夫球、棒球、網球等運動的人吧！愛好運動的人士，大都是精神方面相當平衡的類型。相反地，問他：「興趣是…」

＊對人恐怖症

對上、對下、前後周圍都很留心，對他人的眼光也耿耿於懷，常見於自我意識型的人士身上。在公司內和同事的視線相交也是痛苦的事，參加會議，也以顫抖的聲音說話。自卑感重的神經衰弱型。又想使自己在他人眼中表現得更優越，所以自尊心很強，但却是缺乏實行力的觀念派人物。

，「不，沒什麼特別的興趣。」或反唇相譏：「高爾夫球到底有什麼好玩呢？」這樣的人也不少。像這樣，對特定的興趣表現拒絕態度的人，必定是個雙面性格者沒有錯。

從興趣即可判斷一個人的嗜好，以下我們從金錢、喝酒、比賽等三點來觀察一個人的成熟度到底多高！

(1) 從處理錢財的方式觀察對方的心理

有人喜歡讓裝着巨款的錢包若隱若現的在人前炫耀。這樣的人物，大都是視錢如命的小氣鬼。也有人隨着心情的喜怒哀樂而衝動地買這買那。這種人則又是欲求不滿的類型。很有趣的是，用錢的方法也可反映出何人的各種性格或心理。

平日吝嗇小氣的傢伙，遇到感興趣的事物，不惜一擲千金，幾十萬幾百萬也花得起。這種人在「性」方面有雙重性格。

還有，認爲人世間「金錢支配一切」，除却現金以外，一概不信任的人，屬於內向性的分裂症型。如果你不幸跟這種人借一塊錢的話，你就得覺悟，終你一生，他必成天要你記住他的大恩大德，要你別忘了報恩。

對任何事物必講求道理方覺甘心的人，必定熱衷於投資土地買賣、股票、貴重金屬，依照預算，切實計劃性地應用金錢，這種人雖可信賴，但却有算計性的冷漠感。這樣的人，大都是不肯將薪水袋交出的人。

「今天留兩千塊在家好不好！」

「要兩千塊幹什麼？」

「孩子們要舉行慶生會，必須交錢呀！」

像這樣，一定要說出用錢的目的，否則絕不肯拿出一毛錢。

和這種人相交，要應用「說謊就是方便」的方法，有計劃性地讓他掏出錢包。

＊**上班恐懼症**

玩樂比上班更熱衷，無論做什麼事都無法持久。自我顯示欲強烈，拙於應付團體場面，因此易於離群而索居。一旦自認爲自己被傷害了自尊心的話，立刻不願上班，稍爲感冒就休息好幾天。心中的不滿直接表現於肉體上，到處訴苦這兒痛那兒痛。反抗逆境的耐力薄弱，所以經常在尋求順境，不願努力突破困境。對公司大表不滿，是其特徵。

(2) 從競賽方面着手

或許這麼說不太恰當，不過嗜好中也有競賽。其中之一爲麻將，麻將也能輕易地表現個人的性格。

今天和誰摸八圈，明天和誰摸八圈，和混熟的人在一起必贏，和生人對打必輸。

假定正在等待兩萬、五萬、八萬這三張牌底。結果摸到三萬，對方打出的還是七萬。無論如何也等不到二萬、五萬、八萬。

我們的人生也跟這種現象一樣。「近來我的運氣不錯」，這個時候就應順運氣大撈一筆。不過，非注意不可的是，人類在走運時，反而會變得膽小、儒弱。而在大輸的時候，却又膽大妄行。這大概也是人性的弱點吧！像這樣地，從競賽中也能窺視人們的各類深層心理。

①比賽中途心情轉劣的人，是欲求不滿露骨的表現。

②失敗一次卽一蹶不振的人，易陷於智謀上的退路。

③比賽進行正激烈，而不願聽他人言的人，是視野狹窄的表現。

④比賽進行激烈時，易聽人言者，是易受暗示操縱的人。

⑤喜歡不斷說「再來一個」、「等到了」的人，殘留幼兒性撒嬌的心理構造。

⑥把自己的失敗歸咎於技巧不熟練的人，雖見似謙虛，實際上自尊心强。

⑦將自己的失敗歸咎於運氣不佳的人，具有歇斯底里的性格，虛榮心强。

⑧把自己的失敗歸咎於他人的人，自我信念强，對自己相當有自信。
⑨對失敗裝做若無其事的人，不願自我被傷害的自我防衞型。
⑩不願下圍棋、將棋的人，是拙於識大局的人。
上述列舉的十個項目，不僅在麻將上，也同樣適用於其他方面，請當做識破對方心理的參考資料吧！

⑶　由嗜好方面判斷對方心理

有人常喜歡說：
「威士忌要喝○○牌的才好。」
這種人有一種逃避現實的層面，或者內心秘藏著欲求不滿或傷心的往事。
相對的，所有物的嗜好也同樣。或許有人用的打火機跟你的一模一樣，「我買了跟你一樣的」，或「這是人家送我的東西！」其中當然也有人愛好持有跟上司同樣的東西，不過這種人，內心裏隱藏着憎恨對方，或欲求不滿的心理。
從飲酒方式也可看出各人的深層心理狀態，無論喝再多的酒，都能夠一如往昔般地冷靜，毫不藉酒裝瘋的人，屬於自我防衞高的人，避免與他人深交。酒醉後盡數說自己的事的人，是欲求不滿的證據。

此外，不顧他人的反應，自顧自猛灌酒的人，大都想隱藏自己內心的不安，喝過多的酒就爛醉，胡言亂語、沈睡。就像平日似乎和順而親切的人，酒後對你大吼大叫：

「媽的，你說我什麼地方不好嘛！」

正是這種人。

內向的人常自斟自飲。愛好獨自喝悶酒的人，獨占欲强烈，小氣，而且自我顯示欲强。相反的，喜歡大夥兒鬧哄哄飲酒作樂的人，則是充滿活力、精力絕倫。

6 區分有利益的上司、部下的方法

❖ 區分支配者型人士的方式

對於商人而言，最值得注意的是如何辨別主宰型的人。如果跟隨了被支配型上司的話，不但這輩子沒有出人頭地的希望，同時也脫離主流派，終生當個陪襯的小角色。並不僅政治家有派閥，工商業界也有這種現象存在。商人的世界中，更是由派閥在主宰着人事的變動。上從高級主管的人事異動，下至一個小職員的任用，都由派閥勢力在主宰着。當然，其中也有高唱能力主義、實力主義的少部份公司。

像這樣，初次對面時，根本無法判斷其人是否主宰型的人物。有的人經常表現得若無其事，屬於開放型的一種，但並非極度社交性的人物。

談話時由自己掌握全場，根本不給予對方發言的機會。也不聽他人的發言。不與對方站在同等的立場上交接。固執地逼迫對方接受自己的意見，完全是一付任性自傲的態度。如果你碰到這種人，他正是對你有益的上司人選，必定是個主宰型的人物。

雖然這種人也常因此引起他人困擾而招致不滿。在他人眼中似乎是種難纏的傢伙，但這種人本身却毫不在意。換句話說，這種性格的人，永遠扮演着主宰的角色。

這種支配者型類型的心理特徵，似乎都有自信過剩的現象，經常自認爲：「只要我出面，再困難的棘手事，我都可以解決」。同時名譽欲很強，態度高傲，永遠想立於他人之上。

✤ 和主宰人物間的交往法

無論這種人是你的朋友，或生意上往來的客戶，我們可相反地利用他們愛好主宰他人的性格，巧妙地奉承對方，反過來支配對方。僅是被奉承這一點，就足令對方十分滿足，無論有艱難的差事，必赴湯蹈火，心甘情願地替你解決。指揮站於人上之人的喜悅感，可說是人生生存的最主要意義。只要我們尊重這種人，評價對方的行動（奉承、誇獎、使他們高興），使對方滿足名譽心、功名心。同時，這種人對於成功報酬，傭金等自己利欲的事，相當淡薄。

「今天要不是靠你協助，誰也沒辦法完成」、「我相信只要您出面必可成功」，像這樣，巧妙地大搔對方自豪、自尊心的癢處，對方必大拍胸脯，徹底的努力協助你，因爲這種人的心理非常的單純。所以才會以豪氣萬千的口氣承諾：「這是男子漢之間的諾言，放心！」

盡力奉承，可把主宰者類型的人操縱自如。

不過，這種類型人的缺點是沒有接受他人意見的寬大胸懷，由於依自我的觀念，直線式地疾走，所以常有過度熱心，脫離正軌的危險性。如能技巧地加以控制方向，因爲單純性的性格使然，所以相當易於操縱。

但這種人也易被自己所屬的集團所排斥，所以變而反對自己人，或故意從中阻擾。反正這種人不是前進就是後退，屬於極端直線式的性格，能了解這一點，這種人就可變成爲你操縱自如的上司、屬下、同事了。

4

認識男女的內心

1 認清男人的真面目

❖ 女人觀察男人的那個部位呢？

「既想戀又故做不理睬狀」，這是某歌曲內的一段歌詞，我們容易把它解釋成美男子在女人面前所表現的做作姿態，但相反的，這却是最近有逐漸增加趨勢的「輭弱的男性」，內心裏苦痛的表現。

近來的女性反而比男人更爲積極，例如遭受女性們如此積極的攻勢，而膽顫心驚的中年紳士，眞是不可勝數：「經理，下一次的聚餐帶我一起去好不好嘛！」或「只要是爲了經理，我怎麼樣都沒有關係！」年輕女性對中年紳士有強烈的憧憬心。理由大概是中年紳士較親切，又有錢，有知識，善於領導女性，冷靜等特點吧！不過，像這樣大膽的女性，却選擇年輕男人做爲她們的結婚對象，她們把結婚和戀愛完全視爲兩回事，可說是眞正的現代女性。

不過，男人們倒也常大言不慚地爲自己辯解：「男人不靠外表，是靠內在美。」但要對方發現自己的內在美，也需要相當長的時間去了解。當然，凡事都以第一印象爲主。可是，話說回來，最近的年輕女性們，第一眼光觀察男人的哪個部位呢？」

以下所列舉的個案，是某公司對十八歲至三十歲的職業婦女（ＯＬ）所做的問卷調查結果。問題是「你看男人的時候，請問你先看他的哪個部位？」

回答的前十項部份如下：

⑴臉　⑵髮型　⑶服裝　⑷腹部　⑸襯衫　⑹領帶　⑺正面姿勢（男性本身）　⑻皮帶　⑼皮鞋　⑽手錶。

像這些解答顯示的一般，即使在上下班擁擠的公車或火車內，女人仍然還是仔細地在觀察着男人的舉動。而且最關心的部份是臉上的長相和髮型。雖然，第一位是長相第二位是髮型，但我們並不認爲女人先看長相以後，再端詳髮型。應該是長相跟髮型同時觀察吧！換句話說，即使髮型再整齊再瀟洒，而長相不給人任何印象的話，可說第一印象已經是不及格了。

接下來，我們再舉出男人觀察女人時的關心程度如何？互相比較之下，也頗有趣味吧！

⑴長相　⑵胸部　⑶髮型　⑷臀部　⑸脚　⑹腰　⑺服飾　⑻皮鞋　⑼裝飾品　⑽手提包！

在這裏，最有趣的一點是，女性看男人的正面，放在「第七位，但男人看女人的部位時，却將胸部、臀部等置於最先的着眼處，從這個調查明白的顯示出，無論女人再如何地打扮，男人的眼光仍然捨不得離開對胸部的憧憬。

1 令對方神往的理論家男性

——注重調和與順序，實際優於情緒——

與其說這種人善於言詞，倒不如說以條理服人，以說服力的方式談話，其中有些人給他人的印象是理論家及充滿道理。但其中也有很多人能以理論使人神往。特性方面是善變，有獨創性、企劃性、小心、一匹狼類型，稍有頑固的一面。性格方面可說是重誠意。

這種男人雖不是輕浮類型，但有不少人性好女色。他們使女人主動提出類似：「把你家裏的電話告訴我嘛」的手腕也相當高明。

假若你和這樣的男人戀愛，要了解他們着重調和與順序的性格，在戀愛中並不迷於情緒而以實際的理論爲先。因爲這種個性，使他們不易愛人，不過一旦深愛對方，就易於捲入禍端的旋渦裏去。在「性」方面並非自己獨樂的類型，都屬於雙方共樂的服務精神旺盛者。

和這種人相交往時，須熟知他們小心謹愼，對世間的批評敏感等個性外，此外，初見面時雖覺得相當强硬的感覺，但却也兼備柔輭的一面。不過，注重誠意才是獲得對方信任的訣竅。

卽使夫婦吵架，毫無性關係的話，仍是住於同一屋簷下的男人，所以也毫不爲意，似乎很多人對夫婦生活方面採取變化多端的態度。

2. 外表正經踏實的男性

——神經質，不會算計，也不談戀愛——

有一種人，無論誰都會說他是「正經踏實的人」，但這種男人的性格屬神經質，他隱藏着意外的一面，所以不得不小心留意。

特性方面，很多人具有靦腆、害羞、獨占欲強烈、沒有勇氣、計劃性、細密性周到，大言壯語故弄玄虛，猜疑心、嫉妬心重、虛榮（好玩、好修飾外表）等個性。

外表上的舉動雖見明朗天眞的樣子，而這却是爲了掩飾神經質的一種演技。不過，在那些歷經人生辛勞和失敗經驗的人眼中，即使是初次對面，也能一眼識破：「神經質」的人，只要稍見識面的人都很容易地可以下此斷語。

在大夥見面前，裝模作樣地表現出正直誠懇的姿態，但單獨相處的時候，却口出驚人之語，或做出令人驚訝的行動：

「到旅社去開房間怎麼樣？」

「唉呀，你這種人還眞看不出呢！」

這種男人內心不會算計別人，也不打算談戀愛。而且意外的相當好色，即使表現出相戀的態度，也只不過是想當成晉升或實現野心的道具而已。性能力方面沒有足夠的精力，欠缺堅持性，也沒有做愛技巧，常使女人大失所望。還有不少令人感到意外的舉動，其中之一就是有趣向變態趣味的傾向。例如向躺在身邊的女人要求表白她自己過去的一切經歷。這是對女性的强烈兩面性格。和這樣的男性交往，女人須要寬容和忍耐。

3. 愛好鬧哄哄的男性

・和女性戀愛，倒不如快樂地和她們遊樂

在你的周圍，喜歡在家裏聚集友好歡宴，或在酒家內鬧成一團的男士們也不少吧！相反的，這種類型的人在獨自相處時，或羅曼蒂克的氣氛下時，却又手足無措，不知如何應付。

這種人的個性强。特性是善於奉承，活躍而充滿活力，具有領袖運等等。受他人之託時，也輕易的答應：「哦，當然好啊！」結果是輕諾寡言，無法達成任務。俗話所說的說和做是另外一回事，就是這種人最佳的寫照，但却擁有被他人所喜愛的德性，許多是不易被人憎惡的類型。

此種類型的男人，只要一看到女人就大獻殷勤，但却是天生正經踏實的人。他們不願征服女人，寧願在與女人鬼混的氣氛下和他們遊樂。卽使不愼結了婚，或有情人的話，仍然會與其他女人往來，引發異性關係麻煩的可能性也不少，這種男人最會胡搞男女關係。明明喜歡做愛，但却又故做靦腆狀。

和這樣的男人交往，要牢記他們是善於奉承者。以自我爲中心，厭惡靜待於家中，但教導孩

在女人面前什麼事都好談，但生性耿直踏實。

子的手段高明却是長處所在。雖看來對烹飪一竅不通，但放手要他做飯時，他又能顯露出大師傅的本領。

4. 奉承又馴服的男性

•好幻想富羅曼蒂克但輕浮

外表上初見雖表現出一付老實的樣子，但有時口鋒犀利，有時又唯唯諾諾。這種人是因情緒的變化而表現在行動上，虛張聲勢或爭鬥心交互而行。周圍有這種人存在，也是相當棘手的事。在女性面前也毫不避諱猥卑的言語，談吐輕佻，是這類人個性的特徵。

這種男人在路上向陌生的女性搭訕而面不改色的人相當多。但對自己中意的女人，卻一百八十度的轉變，既溫柔又體貼。這種男人多屬於輕浮者。但同時又是好幻想，富羅曼蒂克氣氛，並不是和女人胡搞的類型。

在性方面也因寢室的氣氛或對方女性的情緒，而減少或提高興奮的程度。可說性慾程度的高下被情緒所操縱。做愛時能克盡身爲男人的任務，如妻子無法滿足性方面的要求時，則不斷地反覆分居、離婚或再婚等。

缺點應該是缺乏羞恥心吧！自私、見異思遷，以自我爲中心也是這種人的缺點。

和這樣的男人交往時，應該針對他們幼兒性的個性，給與母性愛的安慰和鼓勵。親族觀念相當强烈，大都是親兄弟思考的類型，很多人只要是親人所說的話，必絕對地奉行。如果不是能夠說出：「跟你父母親同住當然沒關係啊」的女人，很難獲得這種男人的垂青。

5. 第一印象難看的男人

・獻身性的類型，但好惡的表現激烈

有的男人第一印象使人覺得很醜陋，但相知越深，越能發掘個中美味，或許我的比喻不恰當，不過我認為這種男人就如同魷魚一樣，越吃越起勁。

不過性格屬任性。對人的喜好，厭惡也表現得很明顯。一旦討厭某人時，絕不再反顧，但如果對方以誠相見投奔而來，卻又照顧到底的人似乎也不少。雖很怕生，但易於熟識。

缺點是個性浮躁，依賴心強，和這種人交往的訣竅是顯示出友好的姿態。例如，當對方邀約你，而你表示：「今天不行，還是下次吧！」予以婉拒，結果會變成：「夠了，夠了！我以後絕不會再找你了。」就如同為了方便而說謊一般，只要不傷害對方的情緒為前提，稍微說謊予以拒絕方不傷和氣。

一旦喜愛某人的話，必至死不渝永不言悔，屬強烈責任感的獻身性類型，但其中也有任性而又懶散的傢伙，對女人雖能盡心盡意，但有不少人厭惡工作，而甘被女人奉養一生。性方面是雙重性格，既愛甜又愛辣，且做愛技巧單調又乏味。大都擁有強有力的性器。

這種類型的男性，即使不願主動地追求女性，也大都坐享其成，等待女性來接近。對於不得女人緣的男人而言，或許相當羨慕這種人，不過也有不少這種類型的男人擁有理想型的女性。

6. 得人緣的男人

•易受女人歡迎，或易被女人誤解，但卻不敢為惡

工作和舉動都屬高尚階層，乍見之下像個紳士的男人，可說是得人緣的類型。

即使在男人眼中也會認爲「那個人實在太好了。」這種人就是別人的事比自己的事更重要，寧願犧牲自己的人。

夫婦之間也常會爲了此種性格而爭吵不休：

「不願意，就斬釘截鐵地拒絕呀！再怎麼好也要有個程度啊！」

而他則憤怒的大吼：

「婦道人家懂什麼，少管男人的事。」

俗稱內心險惡，外表善良的就是這種人。

這種類型的男人雖易被女人着迷，或易被女人誤解，但卻是不敢爲惡，性方面具有先天性的素質，而且做愛技巧非常高明。但只有撒嬌性可取，欠缺强壯、激烈、耐力，因此終變成意志薄弱。其中有不少先天性半陰陽，屬於中性的人物。

這種性格的男人有人緣，以自我本位爲中心。同時也身具英雄俠義的氣概，在弱者面前，經常有：「我想辦法幫幫忙吧」的濟弱氣魄。但隨之而來的弱點，也是因之而易受騙，易被他人所出賣。

和這樣的人交往，要深知他們拙於應對酒席的弱點，方是深交的訣竅。

7. 剛愎頑固的男人 ·好出風頭，自尊心強，但尊重女性

和女性至街上散步時，自己走在靠近車道的一邊，乘車時也先行打開車門，宛如「請上車」一般，無論在什麼事情方面，都尊重「女性第一」的禮貌。這樣的男人却有很多是剛愎而頑固者。

這種男人好出風頭，而且自尊心强，也因這兩種個性使然，易闖禍招致麻煩，渡過浮沈激烈的人生。同時，又沒有耐力等待到對方情緒成熟，莽撞行事，而常導致失敗，但無論敗得再慘，很快地又會立刻爬起來。用錢方面一絲不苟也是特性之一。此外，也有迷迷糊糊的一面。

一旦這種人決定進行某件事的話，無論什麼人怎樣的阻止，絕不改初衷，照樣前進不誤，因此易遭他人的指責，但也因此而能夠廣泛地延伸人際關係。

和這樣的男人交往的訣竅，是當一個善於聽話的人，技巧地聽他述說，必可獲得好感。當然，前面已提過，缺點是頑固剛愎，好出風頭，但優點是有原則。和此種人單獨相處時，或許裝出孩子撒嬌的姿態，但一旦有第三者介入的話，態度立刻改爲嚴肅。

8. 態度尊大的男性 ·性格死求百賴，有女性複合體

有的在初次見面時，很容易受到他人誤解。例如外表遠比實際年齡更年輕，似乎像個花花公子，或誠實而正直，或態度妄自尊大，但上述這些舉動，大都是掩飾他們度量狹窄的一種手段。談吐方面，也似乎威脅對方一般的口氣說道：

「我不喜歡幹這種事，只要不願被殺……」

像這樣使用流氓式的口氣，眼光銳利，像個心理變態的人。

這種類型的人，除本職以外，大都擁有可獲實利的嗜好。例如很多是集郵票、硬幣、蝴蝶等的收藏家。性格屬於陰濕、幼兒性的女性複合體，度量狹窄。從前有部電影。描寫對蒐集蝴蝶有興趣的青年，誘惑女大學生，結果將她也「收藏」起來的故事，這種男人正屬於此種類型。

特別是無法與社會生活同化，經常保持着複合體，並從叛逆性中轉變成變態者的可能很大。和朋友間交往惡劣，是愛好孤獨的類型。性格雖單純，但幹勁充足，是能幹的人。但也同時具有死纏百賴，嘮叨不休的個性，所以也必須謹愼留意。

和這樣的男人交往，絕對不可以毀謗貶低他們。萬一缺點受到他人指責，會演變成暴力相向，不可不小心。或者因此而喪失自信，引起自殺，或傷害事件。和這種人交往要誇獎、鼓勵他們。可能的話，女性應發揮溫柔的母性愛或忠誠心去安慰他。

9. 待人周到的男性

・富幽默感、社交性、易變

待人親切，善於社交術的人，好像大都屬於善變的類型。即使和這樣的人之間有某種承諾或約定，也不要寄予太高的期望，因爲有時也無法如期完成。

這種類型的男人，很多屬於所謂「天才型的狂人」。心情好的時候，待人親切有禮，詼諧有趣，但心情改變時，却又使人根本無法接近。對於事物的態度也一樣，無論什麼都有興趣，就是熱度消失得快。對性方面情趣淡泊，與其做愛倒不如享受其中過程和氣氛爲樂的類型。

性格雖見異思遷而善變，但富於幽默感，長於社交手腕。不過，因爲常感到寂寞，所以有時說話口氣强硬，不老實，是其缺點。和這樣的男人結婚以後，夫婦間爲了微不足道的瑣事吵嘴，也會引起離婚的重大後果，所以事前最好三思而行。例如吵嘴後，你頭一甩就走：「我要回娘家去了」，但如果你的丈夫是這種類型的男人的話，無論煮飲、洗衣、清掃的工作，都會自己處理得有板有眼，絕不會到娘家去接妳回來。但相反的，多管閒事，或令人感到：「這個人像個孩子一樣」的一面也有。

假設你的情人是這樣的男人，你或許能發現到他令人驚奇的舉動，比如表現出根本不去接你下班的姿態，但却又詳細的詢問你下班的時間，搭哪班車等等，而在中途站上車，出現在你坐位面前，使你嚇了一大跳等等，表現出令人覺得幼稚的愛情。

和這樣的男人交往，要深知他們討厭被人死纏不放的個性。處於過度保護的環境下，對人生觀有憧憬，反對衆人的意見，而強迫他人接受自我的主張等等，是這類型男人的缺點。

表現令女人驚奇的求愛方式的幼兒類型。

10\. 好說教有事相求必先索禮的男人

・期望被愛，臣服於母性型女子之前

邊教訓對方，且又乘勢與對方大談生意的男性，大都是喜歡賭博的人。賭博種類繁多，麻將、天九、撲克等等皆是，這種人必精於其中一項。

外表上予人的感覺似乎是勤嚴正直的紳士，但總又覺得背後似乎隱藏着什麼，甚至可看出充滿智慧的一面。但性格屬於內向。相反的，阿諛，配合對方的技巧也高明，不過，不平、不滿，期望高等缺點也很顯眼。

其中當然也有不少人比賭博更熱衷於運動，但這種類型的人，多屬於孤注一擲的性格，往好的一面說，具有良好的瞬間發動力。

對於女性方面，與其愛他人，倒不如希望被女性所愛，拙於應付母性型的女性，不愛美女，而愛好奇怪（？）的女人。在他人面前也大肆宣染：「我最近在那方面（？）力不從心了」！但在床上發揮怪癖時，却又對性方面抱有濃厚的興趣，這大概是性方面能力衰弱，欲蓋彌張的證據吧！

當我們相贈禮品時，無論貴重或廉價，他們一樣很高興似的照收不誤，比如承上禮物：

「這是一點小意思……」

再順勢相求：

「對不起，有點事想拜託您……」

他們則簡單地說：

「幹什麼？不要嚇人好不好？」

結果請託之事，即可順利地交談。但這樣的人才更須要留神提防。因爲他會把你請託他協助之事，到處宣揚出去呢！

和這種人交往，絕不可深入，不要過份暴露自己。保持在某種程度即可。免得因之而惹火上身，對自己不利。

2 識穿女人的內心

❖ 何謂女人？

和女人互相交往，或多或少也須要具有關於女性心理的知識。絲毫不了解女性，又如何去接近女人呢？當我們耗費心思窮研女性心理後，才發現，原來女人心千變萬化，宛如俗云：「春花秋月女人心」一般地善變，要深交到底是件艱難的事。假使自以爲了解女人心理，而與女人交往的話，結果招致慘痛教訓的還是男人本身吧！

以下，我們介紹些許女性的類型，使你可以輕易地看穿她們的心思，無往不利。

1 故意閃避眼光，裝做毫不關心的女性

・性的欲求強烈，等待誘惑

有的女人眼光對男人飄過後，立刻避開眼光，裝出毫不關心的姿態。相信你必也經常見到這種女人。這種類型的女人，性方面的慾求强烈。深情款款地凝視你一眼，然後又閃開眼神，視若無睹狀的女人，在內心裏，正發揮着女人持有的潛在意識：「我可不是下賤的女人哦」，可以解釋成她正對你表現她的高尙品格和氣質。

同時，這種類型的女人，是對目前的環境不滿的證據。爲什麼呢？因爲品格、氣度、高貴，充滿緊張感的女人，是不會表現出慾望的態度。正處於幸福絕頂的女性，不可能顯示出這樣的態度，可以堂堂正正地正視異性。這樣的心理，並不僅限於女人，男人身上也可以發現這種心態。

對於男人來說，戀愛只不過是戀愛而已，人生的目的和生存方式，不可和戀愛混在一起，但當女人戀愛時，她們把戀愛當成人生最大的目的，將自己的所有全投入戀愛之中。無論這種心理是無意識的，或有意識的，戀愛才是無上的幸福之美的期待，大力地主宰着女人的內心。

女人熱衷於化粧，爲了保持身材甚至於絕口不沾自己所愛好的食物，這完全是爲求更完美的心理在支持着，爲求更美的結果，也只不過是求得爲男人所愛，盡女人的本能罷了。換句話說，

女人永遠在內心裏期待着戀愛。極端地說，盡力使自己更美的女人，卽使本人沒有這種意識，但實際上却是意欲戀愛。

偶爾，女人在內心裏也熱切的渴望着：「就算一次也好，我希望把我所有熱情奉獻給我喜歡的男人」。因此，在熱戀中的時候，連親兄弟，不，連親生兒子都可以棄之不顧，從報章雜誌的報導，可見其一斑。

哲學家亞蘭曾美化地說過：

「女人的思考是直接面對目的而行，男人的思考却須耗費手段以達目的。」

如果你碰到這樣的女人，可開門見山直接地稱讚她：

「你好漂亮哦！」

她必定紅着臉回答你：

「你才漂亮呢！所以我從剛才就一直在注意着你！」

如此一來，你就可以長趨直進，嚐試一下愛情的滋味了。

2 在男性面前易害羞的女人

・有好奇心，但不願被知對男人關心

「那個女孩子很不錯哦，我幫你介紹！」

這是男人間經常可以聽到的對話。即使初次見面，似乎也可達到以心傳心的境界，雖然不能稱之爲一見鍾情，但相互間似乎心有靈犀一點通。這樣的女性，在男人面前，必表現出害羞，靦腆的舉動。

這種類型的女人之特徵，是好奇心强。所謂好奇心，是意欲觀察恐怖東西的心思，換句話說，對着正警戒着的事物，小心謹愼地引誘過來的心理。好奇心不僅限於女人，只要是人類，任何人都有共通的好奇心理。只要有關於戀愛，女人對男人的誘惑，以愛者的立場接受的好奇心也異常强烈，萬一對方的男性和自己的心理一致時，則又感到羞慚、靦腆。

像這樣的女孩子，在你周圍也一定多得不可勝數吧！越在這種情況下，你越要注視這種女人。你以斜眼橫視的話，越使她感到害羞，這是她對你强烈關心的證據，而內心裏又不願被你知道的一種掩飾方式。

有時候，也會突然長久的注視着你，不願移開視線的情況也有。這必是內心隱藏着什麼的證據。例如不顧其他朋友在場，也不顧自己已是個訂婚的人，竟然回答你：「我還是獨身」之後，就是用這種眼光看你。這樣的女人，內心裏是如此盤算的：

「雖然我跟他相愛至深，但或許我們最後還是無法結合。就算結婚以後，或許也不是幸福美滿的婚姻。不過，這個人有他所沒有的魅力，正是我的理想男人」。

大部份的女人，並不把戀愛跟結婚視之爲兩回事，但相戀時的不安，却引發戀愛，結婚兩回事的思慮。這種不安的情緒越緊張時，就變成不得不把所有的熱情傾注於另一個男人身上。這種好奇心强的女人，獨占欲也很强，同時也有出乎意料之外的舉動等等是個性的特徵。卽使和其他的男人結了婚也會告訴你：

「我結婚後，還是要與我來往哦？」

如果你想眞心的和這種女人交往，一定要確實問她自宅的電話號碼，或引見跟你雙親認識，以免暴發大爭吵。如果只想跟她玩玩，千萬別提及結婚兩字。因爲個性使然，你可不知她何時會出賣你，或如何對你不利，能避免則避免。

3. 無羞恥心的女性——可容自己輕浮，不許對方輕浮

從外表上觀察，無論如何也像個淑女的舉止，謙虛有禮，談吐高雅的女人，却以尖銳難聽的嗓門和計程車司機，當街爭吵不休的場面，經常可見到。此外，夫婦吵架時，以大得足以讓五條街外的鄰居都聽得到的尖叫聲，大吼大鬧，劈哩叭啦地爬到陽台上（veranda） 恐嚇丈夫：「我跳下去死給你看」的妻子也好像不少的樣子。當然也有女人眞是如此一跳，跳到黃泉裏去的，並不是說着玩的，不過……。

這種女人，可以說是無羞恥心的類型吧！乍見之下，外表雖很高貴，但內心險惡，任性而以自我爲中心是性格特徵。

要看穿這種任性的女人，可以觀察日常行止的癖好。例如談話中撥弄頭髮，或下耳垂拉個不停等動作，都在無意中顯露出來，注意觀察，必可發現得到。

同時允許自己的輕浮，却又不容男人的輕浮行爲。性方面也沒有羞恥心。把性當成販賣品，以滿足自己內心的希望。

「下一次帶我到什麼地方去嘛！」

像這樣暗中引誘對方的手段也很高明。涉世未深的男人一旦被這種女人纏上的話，最壞的情況下，甚至於導致於家庭的破裂。

「你竟敢欺騙我！」

儘管你再怨恨，也已後悔莫及了。這種類型的女人暗中擁有女人的手法很高明，同時甩掉男人的手腕也更高超。年紀越大，性方面的放蕩越大膽，在人們面前接吻也若無其事的就是這類型女人。

在你身邊，或許也有容貌可人，但却又散發冷漠氣氛，高貴又優雅的女性吧！性格方面，內心強硬，倔強頑固，如果能了解她們的這些個性，巧妙地加以反面應用，製造氣氛配合她們的話，必可以掌握於手中，操縱自如，絕不會吃虧。

4. 用粉紅色口紅的妖艷女性

——•對性淡薄、討厭性方面的話題——

碰到妖艷的女人就立刻想入非非，是世上男人的共同心理。特別是看到使用粉紅色系列口紅的妖艷女人，立刻直覺得以爲這種女人必相當愛好性方面的事，或進到九霄雲外。不過，請留意，這樣的女人，似乎對性方面的事都很淡薄。例如職業性的女名星，幾乎全都喜歡使用這種粉紅色的口紅。

有關「嘴唇」代表的意義，我們已在前頭詳加介紹過了。但眞正了解口紅代表着某種意義的男人，却是少之又少。爲什麼愛好粉紅色口紅的女人，會是這樣的個性呢？我們簡單地說明一下吧！

嘴唇的膚色，是男女性器皮膚黏膜色彩的表現，所以性經驗豐富的人，其嘴唇顏色黑紫。當然，沒有性經驗或「資歷」淺的人不會變色，保持着鮮艷的粉紅色彩。因此，隨着性經驗的豐富，口紅的顏色也由粉紅色轉變而成朱紅色的傾向。愛好赤紅色口紅的女性，是性慾强烈的證據。

請你回想一下你的女朋友們吧！如果是妖艷的女性，而且又愛好粉紅色系列口紅的話，雖然外表妖艷動人，但最好少談及有關性方面的話題。最好談些較明朗，有意義的話題，以吸引其心，對方必也會完全解除戒心，輕鬆地和你來往吧！

5. 吹毛求疵的女人

．黑白分明的性格，表示中意對方

有種女人不僅喋喋不休，同時還吹毛求疵，專找他人話中的語病，讓人覺得厭惡。

如果不曉得他們的這種個性，與之交談的話，無論什麼事必持相反的論調：

「有這種事？爲什麼呢？」

「哪有這種事？」

「這種事是誰規定的？」

同時，兩人雖是夫妻，但却毫不在意的毀謗自己的丈夫：「我才不愛你這種人呢？」或者「我已跟他說要跟他分開，他儘管可以滾，但他這種人却沒有那種志氣可以離家。」不過，這種時候，必定是有第三者加入談話的場合，如果第三者不在場時，却又悄悄的說：「如果我結婚的話，一定找你這種人。」換句話說，憎恨的口氣，是要引起他人注意的手段，如果對方表示出「注意力」的時候，則又是表示對她「有意」的證據。

這種類型的女人，任性而且競爭心旺盛，但孤獨而且寂寞。

如果這樣的女人和你商討某件事時，要知道她們厭惡曖昧不明的回答，或對她的忠告。要牢牢記住她們黑白明顯區分的性格。同時，還會利用商談事，試探你的內心，所以不留神不行。

「男人都一樣」，或「既然已訂了婚，跟他做愛也很正常呀」等等，到處發表自以爲是的高見也是個性的特徵之一。大概是由於生活的不安，累積多了人生苦難的結果，才會顯現出這樣的言語吧！

中意某人的話，至死不渝，盡心盡力，但對人的好感、壞印象區分得很清楚。應付這種女人

吹毛求疵是引起對方注意的手段。

，溫和親切是必勝之道。由於得不到血親的愛情，也無法爲異性所愛，爲求眞正的愛情，所以才會有這樣的言行舉動吧！

6. 無論何事都一本正經的女人

——•初交時親切，關係深入後性格驟變——

談吐高貴優雅，嗜好也類似鋼琴般的高級興趣，也從不開玩笑，像這樣的女人，好像無論對什麼事都一本正經。假若跟這樣的女人開開玩笑的話，她也嚴肅的表示惱怒。如果再告訴他：「剛剛的是開玩笑的啦」，她很可能因此大怒。這種類型的性格富羅曼蒂克，有人緣。缺點是自我本位，意志薄弱，缺堅强的意志，耐力不夠等等。

如果要提及特性，可說竅門很好。他人拚命工作已完成七成左右時，剩下的三成由自己橫加奪取，成功後完全以自己居功。

初次見面給人的第一印象很好，非常溫和又親切，似乎非常地喜歡我們一般，但交往的關係越深，前述的缺點就越逐一顯現出來。等到孩子生下來以後，態度即一百八十度地轉變。在孩子面前也：「長大以後可別像爸爸那樣哦」，或者「這個孩子要培養成醫生」等等，把夢想完全寄託在孩子的身上。所謂惡女惡妻，指的就是這樣類型的女人而言吧！

在你周圍必定也有這樣的女人存在。盡全心全力地戀愛，結果過於積極而招致失敗，或想以自己的能力掩蓋比自己年輕的男人、不足信賴的男人，而且逐漸地深陷其中。個性單鈍，容易被花言巧語的男人所惑，被奉承或受誇獎，立卽喜於言表。此外拙於應付酒席的場面等等，想要與之交往，必當熟知這幾點吧！

7. 剛愎的女性

・把戀愛當遊戲，愛好間接性的嘮叨

他人提供意見，或雙親表示意見時，言聽計從，但一旦自己下決心進行某件事的時候，不管他人如何勸導阻撓仍然硬幹到底，世上也有這種剛愎頑固的女人。

這種女人，與其聽別人說話，倒不如喜歡別人聽自己嘮叨不停的閒扯。算不上是個好聽衆。長處是有耐性，卽使失敗了，也能立刻站起來。缺點是愛出風頭，自尊心强，也因此引起禍端，渡過起浮激烈的人生。同時也沒有異性運。

這種類型的女人，並不顯現出自尊心的强硬，對於他人的意見，也不立卽反駁：「不對」、「並不是那樣」，而是具有和合容忍的精神，該退則退，該忍則忍。

特別是被異性所誇奬時，卽魂飛九霄雲外。且有把戀愛視之爲玩具（？）的傾向。雖然不受異性垂靑，但大部份卻都是迷人的女性。與其直接性地誘導數說，倒不如間接性地旁敲側擊。

離婚、放盪常見於這種類型的女人身上。尤其是生性愛好旅行之點也不可忽視。

「我眞想去哪兒旅行一番！」

「好啊，走吧！」

當我們漫不經心的這樣回答，兩人開車外出時，她卻又如此地誘惑你：

「到什麼地方住一晚也好嘛！」

但這種剛愎的女人很會鑽牛角尖，發作起來很可怕，最好也能小心提防。

8. 外表比年齡更年輕的女人

·無法抵擋類似「我們結婚吧」的言語

有些女人外表看起來，的確非常的年輕，當然也有這樣的男人，但這樣的男女，似乎都屬於單純的性格。

開朗、豪華、意志堅强，能幹是這類型的特性，缺點是外表浮華，因而易被他人所誤解。但這種人實際上却是正直踏實的人士。同時不善於應付震驚，遇事則表示：「眞想一死」，而眞正實行自殺行爲的也大有人在。而且度量狹窄。

和這樣的女人相處，絕不可驚嚇她，或斥責她。她們是被誇獎，或巧妙地勸告，就可以發揮實力的類型。活躍而充滿精力，很多屬於職業婦女也是特徵之一。

但卻欠缺緊抓住自己所愛的人之執着心。所以卽使失戀的話，也立刻能夠恢復正常。假如對方男性表示：「我們結婚吧」的時候，立刻輭弱下來。戀愛時也無法製造「我好喜歡你」的氣氛，很難於向對方傳達自己的愛意。

此外，這種女人在選擇婚姻對象時，也會在內心盤算「跟他結婚的話，可以使我的工作更順利」，就算結婚之後，當一個職業婦女的願望比當人妻的願望更強烈。此外，很會吃東西。瘦子老饕的俗語，正是這種女人的最好寫照。

9. 喜歡跳舞的女人

・性慾淡薄，易沈醉於情感和氣氛之中

跳舞是提高女人性感的工具之一。男性喜歡直接性地肉體接觸，但間接性肉體接觸，如跳舞，則是女人愛好的運動之一。

本來，被男人擁抱着跳舞，並不是以提昇女人情慾爲目的，而是經由音樂刺激女人本能的官能，喚醒女人內心隱藏的本能。無論是享受如何高度文明的女人，或是未開化的土人，本能官能的衝動則是一致的。只是，女性的官能感受一旦被喚起後，對擁抱着她的男人而言，則變成絕對有利的條件，這是無可置否的事。

愛好跳舞的女人，不像男人期望肉體接觸一般，她們喜悅於間接性的接觸，特別是醉於當場氣氛和情感。同時許多喜歡跳舞的女人，都對性方面淡薄。

你只要利用這一點，完全煽動起她的情慾之火，就可隨心所欲了。

像這樣的女人，雖對性慾淡薄，但却又表現出欲蓋彌張的姿態，也就是常顯示出對性有興趣，性方面相當老練的姿勢。

10.

外表不知正思考着何事的女人

・對禮物無法抗拒、戀愛也不會有好的結局

易沈醉於氣氛或情感下，但性慾淡薄。

有一種女人絕不表露喜怒哀樂的情感，永遠是一付死板板的撲克臉。無論你說什麼，她的臉色也絲毫不變動。常不曉得她內心裏到底在想些什麼。

這種類型的女人，好像很多屬於內向性的性格。特徵是一味逢迎奉承對方，絕不自表意見。同時又有瞬間發動的能力，孤注一擲。缺點是不平、不滿，希望過高等幾點。其中更有沈迷於賭博的人，渡過不幸而又孤單的人生者大有其人。

這樣的女人即使談戀愛，也不會有幸運的結局。遇到中意的人選時，說不定對方已是有妻室的人，要不就是遇人不淑，尙不致於論及婚嫁。所以也因此經常失戀，或賭氣而抱着管他三七二十一的心情，嫁個不合適的男人。像這樣，很多人因此與不相稱的男人渡過落落寡歡的一生。原因是期待過高，或經常忿忿不平的結果，而這又是引起對方厭惡的最主要原因。

同時，如男人贈送禮品的話，又會產生錯覺，自憐自艾！

「這是送你的小禮物！」

「這個男人已經愛上我了！」

抗拒不了物質的誘惑，是這種女人的特徵。

和這樣的女人來往，要留意不要過於深入，否則你自己可能會受到傷害。也就是俗話所說的「保持距離，以策安全」，免得横生枝節。

3 區分危險男女的方法

✤ 何謂危險的女性？

認清一個女人，除了睜眼正視，從她的緊張感，視線、身上散發的氣氛、品性、態度、氣度裝扮等方面加以判斷之外，別無他法。

例如漫步街坊，或交通工具之內，令男人無懈可乘的女人，必全身散發着緊張感。男人隨意搭訕的話，也投來嚴肅的眼光，結果只是使男人遭受輕蔑罷了。因此，卽使這樣嚴肅毫不可侵犯的女人，走在熱鬧的聲色場所附近閒逛，也絕不看男人，絕不表現出意欲有求的態度或舉止，從背影看也使人敬畏三分，身材姣好，應該敬而遠之的女人。

換句話說，不像這樣的女人，才眞正是危險的女人。也就是泰然自若，視線遊移不定的女人，正面直視男人眼光的女人，强烈感受男人的視綫而表現得極不自然，化粧技巧高明又是美人胚子但沒有個性的女人，步行時搔首弄姿，坐下後兩膝張開的女人，裝扮不怎麼正派的女人，易被流行左右穿着的女人等等，都是危險的女人。

此外尖聲高笑的女人，欠缺誠實性，聲調粗俗的女人也全是性情粗暴鄙俗。接觸到男人的身體也泰然自若的女人，會使人懷疑其處女性，也是理所當然。

「女人還是不行啦！反正都沒有辦法趕上男人的能力嘛！」

像這樣厥詞高論的女人，似乎對男人的評價相當高，但實際上，大多數缺乏知性和教養。此外，在男人面前，無論是誰都說：「唉呀，眞不好意思啦」的女人，也就是俗云嬌揉做作的女人，也大都是亂搞男女關係的不太正經的女人。

結果，像這樣容易受誘惑的女人，不但對男人危險，同時也都不值得我們男人向她們求愛。不過，也有人被這樣的女性所纏，陷於痛苦不堪的境地中吧。

雖然內心裏想：

「我想離開她，但是……」

却沒有那種智慧離開她……。所以日本故劇作家菊田一夫先生曾寫過一句離別的名言，我介紹給各位：

「所有的東西全都給你，我只穿這件西裝出去吧！」

菊田先生寫下這句名言，警告世上的男人切勿捲入男女的糾紛之中，一旦纏入的話，最好還是好聚好散，不知您的意下以爲如何……？

✣ 何謂危險的男性？

看男人的時候，女性最關心的是這個人是否「勤勞者」。接着是「正經踏實」的程度如何。和上述看清女人的方式一樣，看男人要從他的緊張感、視線、品性、態度、氣質上着手，而裝扮，職業性的地位、學歷等，則沒什麼重大的關係。爲什麼呢？一如前述，名片要怎麼印都可隨意大印特印，此外他身上所穿着的服飾，眞正的與他的身份相配嗎？

在日本就曾發生過這麼一段事件。學生時代卽以結婚爲前提，連續交往七年的一對男女，男的却突然與其他的女人結婚，結婚僅十天後，這位新郎卽被昔日交往七年的女友所殺。本以爲正當的公司職員，與他海誓山盟，擬將託付終身的男人，却是不良幫派的頭目，非常溫柔親切，是羅曼蒂克而心腸輭的男人，結果却是厭惡工作的吃輭飯傢伙，像上敍的男人，全都是最危險的男性異型。

此外，富理論性的男人多屬於見異思遷者，外表正經踏實，一本正經的男人，又大都是愛慕虛榮，喜愛遊樂的傢伙。這樣的男人卽使戀愛，也是有「盤算」的戀愛。

「我們正在協議離婚」，或者「我太太經常生病，完全沒有實際的夫妻關係」，像這樣對女人大吐苦水的男人，大都是情婦一大堆，同時性方面意志薄弱的類型。

儘管花言巧語，一旦變成自己的東西後，却又反臉無常。這樣的危險男人，不值得女人與之交談。男人處於苦境時，立刻向身旁的女人求助的，大都是這種危險的男人。

像這樣的男人，卽使對男人也同樣是危險人物，如果你不知個性，由他招待或送禮的話，他必從你身上討回招待或送禮的同等代價。

分手的方法稍有錯誤時，甚至會發展成兇殺事件。要想離開這樣的危險人物，最好以不再反顧爲前題，不慌不忙地找來第三者作證，循理解決，才是眞正聰明，避免麻煩的方法。

5 促進人際關係的方法

1 知己知彼百戰百勝

✣ 你自己屬於那一種類型呢?

從個人的談吐方式，可判斷他的性格或心理狀況。特別是「土腔」，更可率直地暴露一個人的出身地。從個人的用字遣詞也能瞭解成長的家庭環境和家教如何。例如平日和同事談話時，泰然自若的直呼自己的雙親為「我老爸」、「我老媽」，但在電話中與雙親交談時，卻意外的謙虛有禮，惶惶恐恐地敬稱「爸爸」、「媽媽」。像這樣的人，我們可以想像得見，或許家教嚴謹，毫不馬虎。相反的，平日言談鄭重其事，必恭必敬，但長輩不在場時，則言語粗俗，口出黃腔而毫不在意的人也不少。

此外，在小型的團體內大家談話時，不顧對方話還沒講完，中途完全打斷對方的話語，而却毫不在乎的人也常見到吧!這樣的人多屬自我中心的人物，因此，無論什麼事都先考慮自己的得失再行動，也就是任性胡為的性格較多。

也有的，中途被打斷談話，而自我退縮，消極性的人。內心雖不滿，但因為內向性的性格使然，因此不敢再做進一步的自我主張。

同樣的，也有人與不太熟悉的對方，兩人不幸同席時，緊張而一再地改變各種話題，拼命地想支撐着場面。但由於年齡過於懸殊，或社會環境、職業的不同等等，實在找不出共通的話題，最後終於兩人都保持沈默。在這種情況下，考慮各種方案，避免空氣過於僵硬，而想盡辦法提供話題的人，是具有協調性的社交家類型。但相反的，有些人即使遭遇到這樣尷尬的場面，也絕不談論任何話題。這種人屬於無協調性的非社交家類型，即使有意也無法順利進行，要不就是無視於當場的無聊氣氛，毫不在意的驕傲自大類型。

除此之外，經常在團體內領導話題進行，獨占會話的八成以上獨演的領頭類型，或永遠只充當聽衆的內向性類型也常見。還有不斷地提供話題，操縱全場談話，巧妙地主宰談話進行的話術高超的人也不少。

會話進行時表示同意的語氣之使用法，也因人而異。以頷首同意對方的話語，例如：「原來如此」、「嗯」邊點頭邊如此說的人是思考深切的堅實型人物。而連續地「嗯、嗯、嗯」或大聲地說「對、對、對」的人，卽使具有協調性，或妥協性，但無論如何掩飾，仍不是個思考型的人物。

平日就深知某人的性格、嗜好、或思考方式的話，萬一某天因某事須直接面談的時候，則解決問題較爲方便。再加上了解自己本身的性格、癖好、缺點以後，經和他人相比較的過程，即可配合對方，使人際關係更圓滑，也很有可能導致於生意的成功，和與異性相交的成功吧！因此，我們首先要確實地把握自己。善於交際的人，就是熟知自己的個性，才被稱之爲高明的人際關係者。

1 倨傲尊大的類型 ——在意世人的眼光

人生在世至少也有七情六慾的願望，所以人類和癖好是絕不可分離的一體兩面，人類的類型也各具特色，各色各樣。

即使不在意自己的長相，也不在意世人的批評，就算從事高薪職位者，也有的人倨傲尊大，從外觀上判斷也屬於「絕不淪落到此地步的人」也不少。喝酒的話，必定酩酊大醉，認不清回家的路線，或者在大衆面前不願導致羞恥，期望永遠都給人良好的印象。

這樣的人，在選擇對手時，似乎都挑選外觀瀟洒，個性溫馴，高貴的人。假若對手的女性這麼說：

「我最討厭你這種人啦，你死掉算了，我大聲說話有什麼地方不對嘛！」

這種人即喪失往日的冷靜性，立刻驟下斷語，想脫離這種女人：

「我沒有辦法和這樣的女人共渡一生。」

倨傲尊大的人，過於重視人世間對他的批評，相反的，卽使想作奸爲惡的話，也因過度在意他人的批評，而終不敢過度地採取行動。

和這樣的女人交往時，她們厭惡老生常談，不喜歡受人奉承。也不願向他人低頭，或身任醜角，非常留意周圍的人對她的批評，所以，和這樣的對手初會面時，絕不要表現出盡情狂歡的姿態。

就算她對你說：

「今天實在太愉快了！」

但她的內心裏，還是自認爲：

「這種人眞是糊里糊塗。」

這樣的場合下，她也絕不表現喜悅的樣子。這種類型的人，具有自我防衞的本領，如果自認爲事件有損於自己時，在不引發對方憤怒的情況下引退的本領相當高強。

就算這種類型的人，再如何巧於掩飾自己的行動，但卻也有不少意外的缺點。爲求保全自我清高的品性，連狠毒地抛棄對方，也在所不惜。外表善良，但內心陰險，與像這樣的人交往的女性，大都暗地飮泣。在意外表的裝扮，卽使皮鞋上有些許污點，也耿耿於懷，在意他人的評判，被他人所誇獎則手舞足蹈樂不可支。不分老少階級都採取同樣的問候方式，外表大都是似乎很有常識的人士，就是倨傲尊大的傢伙。

2. 充滿行動力的人 ——— ・易於趨向極端

「我出去了！」

本以爲他不知走到哪兒去了，但是兩三分鐘以後，他又慌慌張張的折回來：

「忘了東西了！」

不是忘了錢包、手提袋，就是忘了重要的用件，或目的地，卽使周圍的人替他擔心：

「這種樣子，沒問題吧！」

他本人却意外地毫不在意。在工作場所中，受到上司或同事請託時立刻欣然應允：

「是的，我馬上去！」

好像他很樂意外出，表現得相當興奮，有求必應，絕不擺出爲難的臉色。這樣的人，可以判斷他們有行動力、但易走極端、出風頭是其缺憾。由於愛好四處走動，所以一旦成天都呆坐在椅子上的話，便開始坐立不安，難以定下心來，這種時候，他自己卻主動地向他人要求代辦任何事情：

「有沒有什麼事要我去辦的？」

這樣的人如果從事營業，或販賣關係，當然沒話說，不過卻無法在人世間維持得很好。有行動力的人，當然不會厭惡活動身體的工作，但卻欠缺精神性事務的能力。

「喂！××！你要到什麼時候才把上個月的經費結算清楚？快一點好不好？」

像這種屢經上司催促趕工，但依舊不聞不問，任其放置一旁不理的人，在你的身邊也不少吧！

像這種行動派的類型，與他們交往時，一般都易被外表的行動和氣魄所惑，其實眞正面臨採取行動時，却又裹足不前，所以應當小心一點爲要。這種人也有意外的勤奮精神，絕不放置他人請託之事，當場就會把所有事情處理完畢。或者熱心地帶領着對方辦事：

「我也跟你一起去好了！」

爲他人而居中斡旋，結果成就幾乎等於零，而爲自己而行動的話，成果可說幾近於百分之百。

3. 內心柔和的人　・決斷力遲鈍

普通，男人對女人都是用：

「願不願跟我做個朋友呢？」

爲彼此關係的開頭，結婚的對象也同樣，交往四、五年以後再結婚的男女也似乎不少。

「你有什麼不滿嗎？」

「他人是很好，約會後甚至送我回到大門口，也不會亂來，握手後才回去。不過實在是無法下定決心」！

「你還沒有忘記他吧！」

「或許是吧！雖然很對不起現在的男朋友，不過，不管怎樣，總會拿來互相比較的，總覺得有什麼地方比不上！」

像這樣，我們常聽到女人說出眞心話。像文中所說的這種男人，大多欠缺耐力、堅強性。雖也有意外的情況，但內心柔和的人多屬於決斷力遲鈍，理想主義者。

掩飾本心，也不反對雙親的安排，直到事情循序進行，到了舉行結婚儀式的時候，才逃家出走的人必定不少，這樣的人，也只有硬逼到他走頭無路的時候，才會下定決心。

你的同事或友人之中，也不乏決斷力遲鈍的人們吧！團體內一致決定就某個目的採取行動時，他也老大不情願，而又無奈地跟隨在團體最後一個，慢吞吞的行動。

即使你發現他不太情願而勸告他：

「不願意，不參加也沒關係嘛！」

他卻又逞强的辯解：

「我沒有不願意呀！」

這樣的情況下，不是被團體排除於外，就是在暗地裏批評，說閒話。內心柔和的人，度量特別地狹窄，並表現在動作上。和這樣的人們交往時，由我們區別每一種事情的由來是必要的。

4. 有耐力的人

・易渡過不幸，懷才不遇的一生

有些人相當能夠容忍。這種耐力堅强的人，永遠都是以幸福的幻影而終。談戀愛時也遭逢不幸，或與不合適的人草草結婚了事，或失戀後一厥不振等等。但這種類型的特性是能夠堅忍，可以永遠保持耐性是優點。等待毫無結果的事，必定招致不幸或懷才不遇，以下我們介紹活用這種特性而美化人生的實例。

這是日本名影星小林旭的夫人，女星青山京子小姐婚前的故事。青山京子正是這種堅忍的類型，當時大家都默認她和小林旭即將結婚已是不爭的事實，但結果出乎意料之外，小林旭最後卻與美空雲雀步入結婚禮堂。小林旭與美空雲雀的婚姻在當時是熱門的話題，但這段婚姻維持了一年多左右即告破裂，在這一年多期間保持忍耐的青山京子，終得再與小林旭結婚。當時青山京子曾說過一句話：

「我相信小林旭必定會再回到我身邊來。」

這是忍耐而獲得幸福結果的故事，但如果對對方判斷錯誤的話，易釀成不可收拾的悲劇。當然，這種人也具有渡過懷才不遇的不幸人生之特性。

相反的，如果對方是忍耐力不夠堅强的女性，只要稍有誤會或錯走一步棋，她絕不會等待你

絕不自動表現行動或態度的獻身性格。

再回頭的一天，或許反唇相向吧：

「那我也跟別人結婚好了！」或者「我們分開算了！」

耐力堅強類型的特徵一如前述，嘴角必定呈現「ㄟ」字型。許多人在年青時可享受自由玩樂的人生，但隨着年齡的增長，又感受絕望感的侵蝕。

這種堅忍型的人，可說絕對不由自己一方顯示出行動或態度。當這種人拿煙的手指不斷地震動，或態度無法保持鎮靜時，即是內心焦燥的表現。這種人獻身性的性格，但沒有近身親人的緣份，可留意他們，除自己個人以外，絕不信任他人的特性。

5. 易受人歡迎的類型——·善奉承無責任感

易受人歡迎者談吐溫文爾雅，說話方式也相當帶勁。

「上一次喝得酩酊大醉，醒來後覺得床邊有人走動的聲音，我睜開眼睛一看，原來我睡在路邊呢！我猛然想起，伸手到口袋一摸，只有一堆砂石而已……」。

像這樣，滔滔不絕，毫不在乎地數說不知是眞是假，讓人摸不着頭緒的糗事，對自己的失態不以爲意的人也常見。就因爲能夠像這樣地推銷自己，所以也才會引起大多數人的喜愛。

平日也許意外地會以鄭重有禮的態度打招呼、談話：

「哦，眞的嗎？」

「早啊！〇〇先生，〇〇小姐！」

但三杯黃湯下肚後立刻趾高氣揚，居心險惡的人也不少。

一到這樣的心態下，無論什麼上司、前輩，他全不放在眼裏：

「喲！老混蛋（經理）」或「這又怎樣？不行是不是！」

要不就是大放厥詞：

「不高興的話，你滾好了！」

像這樣的人，屬於神經質，平日善於察言觀色：小心謹愼，消極，自己想說的事無法完全表達，生性內向等等都是特徵。利用逢迎拍馬以掩飾自我能力上的缺點，或利用這樣引起他人的注重。可說和高傲類型的人完全正反面的個性。

如果你認爲他是善良而又中意的人選，與他們交往的話，他們會突然的以你措手不及的方式表現言談或動作，以試探你的心意。當你帶這樣的人，一同拜訪你心目中認爲很重要的人物時，他也毫不客氣的批評你的友人：

「這種人眞令人討厭。裝模作樣，一付道學面孔。沒想到你也有這種惹人厭的朋友！」

當你責備他時，他又改變口氣，觀察你的臉色：

「對不起，剛剛是開玩笑的，不要生氣！」

其實你注意他的眼光，可發現他正流露出不像在自我反省的譏笑眼神。和這種人相處，接受招待，也不要過於認眞，虛應故事就行了。

這種人無論在女子面前，或生意往來方面，都沒有什麼責任感。要牢記，受他多少幫忙，招待，就須回報同等的招待。

6. 屁股沈重的人——・沒有行動力

俗語說：「那個傢伙是屁股重的人」，意思就是指某人一坐下就不想動、長坐不起。

「媽，我出去一下！」

「好啊，不過要馬上回來，可別在人家那裏待太長，屁股重會惹人煩哦！」

這是親子間常可聽到的對話，或許你自己本身也有過類似這樣，受到父母親提醒不可久坐的經驗吧！

「你怎麼搞的？不是說過馬上回來嗎？也不打個電話回來，這孩子眞是屁股重。爸爸已經先睡了，你以為現在才幾點鐘啊？」

我想任何人都有被母親這樣責備的經驗。

這種長屁股的人，大都是平日不擅外出者。一旦在家休憩的時候，就像橫的東西無法直立一般，任你天塌下來他也不動一下。這樣的人士訪問親朋好友或常走動的同事家時，必要有相當大的決心。尤其是訪問友人時，又以勉爲其難的口氣說道：

「我早說要回去了！」

當我們順其口氣回答他！

「好吧，那就談到這裏好了！」

沒想到他却又反客爲主：

「我看既然來了，就再多談一會兒吧！」

大夥兒聚在一起開玩笑時，如果你對他說：

「再談一會兒沒關係嘛！」

那他眞的又坐下來，大談特談，等他坐定後，要想把他哄走，並不是那麼簡單的一回事。

和這樣的人往來，應該一開始就斷然拒絕。

「我今天還有其他的要事待辦，不出去不行，所以只能和你談一個小時，就必須失陪了！」

像這樣預先定個時間，卽使他並沒有表示要離去的意思，我們也可在適當的時機，打斷對方的談話。

「時間差不多到了，我不走不行了。」

這種屁股沈重的人，有焦急的一面，也有懶散的癖好。不過，一旦着手進行某事的時候，偶而也以猛烈的氣勢，在半天之內完成他人兩天內才能完成的工作，使周圍的人目瞪口呆。

不過，由於沒有持續性，體力又不足，所以利用屁股重的方式，以達到兼收休息的效果。

2　受歡迎的十大秘訣

1　不要觸及對方的自卑感、缺點

被擊重隱處，對任何人來說，都不是令人愉快的事。不去提及個人平日認爲弱點的地方，才是待人應有的禮儀吧！尤其是肉體上的缺陷，本人幾乎沒有任何責任，也是事出無奈，所以千萬別用侮辱性的言語，攻擊他人身上的殘缺。

一般人在盛怒之下，也不會擴散憤怒的波紋。其中也有人在激怒下拿起手邊的玻璃杯往地下甩。玻璃杯摔完了就沒其他東西可甩，所以充其量也只不過是自己損失幾個杯子而已。

可是，商場上或一般社會的情況又如何呢？特殊型的人盛怒時可是相當可怕的事件。平日相當友好的同伴，雖不致於大吼：「殺掉那傢伙」，但個人的立場和利害關係，總歸是利害關係，至少也會演變成「幹掉你」的結果。有些人，爲了公司的前途，不得不犧牲別人。對於商場來說，「幹掉你」意味着調職、冷凍、開除等人事變動的宣告。如果你也是經商人士的話，幹掉你或許是代表對方的「拒絕往來」或「停止關係」吧！

在中國，有所謂「逆鱗」一語，卽使再馴良的龍，也不可掉以輕心。龍的喉部之下，約直徑一尺的部位上有「逆鱗」，全身只有這個部位的鱗是相反生長的，如果不小心觸摸到這一片「逆鱗」的人，必會被激怒的龍所殺。其他的部位任你如何撫摸或敲打都沒關係，只有這一片逆鱗無論如何也接近不得，卽使輕輕撫摸一下也犯了大忌。中國戰國時代中，提倡法治主義的韓非子著作中有「說難」一章。說難論述「說服」他人是如何艱苦的一件事，「逆鱗」一語卽出自說難一文。

所以，我們可以由此得知，無論人格多高尙多偉大的人，身上都有「逆鱗」存在。只要我們不觸及對方的「逆鱗」就不會惹禍上身，也能平步青雲。所謂「逆鱗」就是我們現在所說的「缺點」、「自卑感」，在人際關係的發展上，我們有必要事先研究，找出對方「逆鱗」所在位置，以免有所冒犯。

2　應該選擇不抵觸的話題

人世間有千奇百怪的性格類型。我們說左，他說右，那我們說右嘛，他偏右非說左不可，永遠都在跟別人唱反調的人也不少。就算不致於如此偏激，但也有人堅持一己的立場，或自己的意見明明是少數意見，却絕不接受他人的任何意見。也有人頑固地認定只有自己的做法和想法才是天底下最正確的方式。或者掩藏自己心底的企圖而試探對方的心意，不惜唯唯喏喏，奉承拍馬，迎合對方口氣，一探虛實者也常見。

「啊，要是當時不說那句話就好了。」

像這樣事後才後悔，反省的人，大都是無視於對方的立場，硬要擴張自我的意見引起的。人類共通的心理，就是極端厭惡自己的思想被他人所說解，由於這樣的心態作用，所以永遠期望別人對自己有最正當的評價，但偶爾我們自己也在無意中評價了他人而不自知：

「我們公司的經理很無能！雖然也常接受旁人的批評，但我對他沒有好感。」

如果對方是經理的心腹或相交很深的同事的話，那後果豈不……。在商場社會裏，像這一類的失言，不絕對地謹愼的話，後果不堪設想。不是被上司疏遠，就是遭到上司「下放」的命運。爲避免這一類的失敗，與人談話時，不得不選擇不抵觸的話題，以免犯錯。

3　緊迫對方的眼神

我們從有趣的地方開始談吧！例如一男一女連袂上街，女的必觀察身邊男人的一舉手一投足的動作，而男的必定把視線放在其他來來往往的女人身上——這樣的差別，大概也就是主觀性動物的女人和客觀性的男人，生性上最大的不同點吧！

當女性怒沖沖地責怪身旁的男人時：

「你是怎麼回事，一直在看別的女人，眞不像話。」

「沒有，我沒有看啊！我只是認爲那個皮包跟你很相配而已。」

男的必定撒個小謊，掩飾自己的內心：

「你說謊，那你買那個皮包給我好了。」

如此一來，男人就不得不爲自己的行爲花錢消災，這實在也是相當滑稽的事情。

所以觀察對方的視線，從對方的視線中就可察覺對方對我們的感想如何！臉上表現出很熱心地在聽我們談話，即使「假裝」得很關心，但是左右腿交差地盤個不停，或手指頭捏着什麼東西……等等，如果能察覺對方的這些動作，可知對方內心裏「好吧，不要再談這些了吧」的思想，正無意識地表現在行動上。

另外，假如對方不斷地搔着眉毛的話，也是「無聊」的表現，或突然地兩手環抱胸前、嘴唇呈現ㄟ字型時，則又是顯現防禦、拒絕、無奈的意義。所有這類的動作，從直視對方的視線上，必可察覺他們眞正的內心。

4　絕不要一開始就死心

從對方外表的長相判斷一個人，或從社會性地位，職業別判斷他人，立刻不願說出自己的煩惱或工作內容的人很多。特意邀約對方談論某件事，一旦和對方見面後，又不習慣於當場的氣氛，或不中意對方的外觀，而終不願啟口論事者也不少。

前面已說過，「人要相交才知道，馬要試騎才知道」，不願啟口的話，什麼事情也解決不了。與其什麼事都一開始就死心，倒不如抱着一試的心情，卽使被取笑也沒關係，誠懇地與對方交談看看，請求助一臂之力，才是創造「機會」的明智之舉。

有種人抱着「反正本來也是無法解決」的心情，採取積極地戰術。這樣的人雖是任性的性格，但具有强烈的依賴心，無論再煩惱，再無聊的小事都向他人傾訴，如此一來卽可消除自己的焦燥感。換句話說，他們把缺點轉變成對自己有利的優點。

有時候，我們常會聽到別人這麼說：

「原來是這件事啊！唉呀，如果你早點告訴我，我就有辦法解決了！」

「今年的預算已經訂好了，眞不巧，明年再說吧！」

當我們着手思慮某件事時，如果一開始就先告知對方，說不定對方反而會反過來懇求你，使你獲得千載難逢的機會：

「我們正在編列預算，你的意見實在太好了，我們檢討後立刻通知你，謝謝你的建議。」

「人要相交，馬要試騎」的積極戰術。

你是否也在一開頭就對某件事情死心呢？即使在閒談之中，把胸中累積的所有煩悶，毫不保留地傾吐，讓他人協助解決，說不定正是抓住時機的大好起步呢？

5　暴露自我、認識對方

每個人都擁有不願爲人所知的一面，即使並非什麼見不得人的秘密，但或多或少都有些心事藏着。目前是個成就非凡的人，但不願被人探知過去的歷史，或工作方面的失敗，血氣方剛時犯下的大錯，肉體上的殘缺等，每個人都有基於某種理由，而不願被人所知，意欲隱藏在內心的事件。

正由於心中有鬼不願外洩，所以才裝做一付毫無弱點的樣子與人交接。也就是堅持地武裝自己的內心。不過，當我們乾脆地解除自己所有的武裝，毫不掩飾地暴露所有的缺憾，以誠相見的話，對方也相對地以較爲輕鬆地姿態和我們相交。

通常，人們對我們意欲掩蓋的行動，常故意使出壞心眼，偶爾還故往壞的方面解釋。但如果我們本身解除警戒，表示我們信賴對方，表示好感的話，對方反而會以誠相見。即使對方不懷好意而來，但當我們逐漸解除武裝，慢慢地暴露一切缺點，採取低姿勢前進的話，可達到使對方轉變惡意爲好意的效果。

如果你商場上的對手防禦堅强，而且表現得毫不通融的時候，你最好先洩露你自己的弱點，使對方解除戒心。卽使經常以嚴肅的死板臉孔斥責屬下的上司，只要以信賴他們的姿態交談，會使會談意外順利地進行。

人類一方面嚴密地隱藏自己不願爲人所知的秘密，另一方面，又渴望將自己的秘密向某人告白。秘密是內心相當沈重的負擔，長久不安是很痛苦的差事，傾吐肚子裏的不幸不滿，尋求相知的人了解，是人類本能上的欲求。揭露自我，是巧妙地引導對方喚醒本能欲求的行動，也是使對方告白弱點和秘密的踏脚石。

6 依話題選擇適合的場所和氣氛

人類大都選擇自己習慣的場所和氣氛，招待對方和對方恰談公事。其中也有不少人表現出頗得商討心得訣竅的高見：

「喝酒的時候，根本不適合討論公事嘛！」

所謂粗俗的人指的就是這樣的人吧！因爲高級餐廳、酒廊是散鈔票的場所。如果我們與重要的商場客戶商談，花費一大筆鈔票，而生意沒有談成的話，還不等於把大筆鈔票付諸流水。無論庸俗的人認爲在酒廊洽談公事妥當與否，我們用不着一概認定錯誤或見解正確。把對手邀約至豪華高級的氣氛下，是使對方處於一種畏縮的心理狀態下，使對方不易說謊的一種手段。

根據商談的內容而選擇場所或氣氛是自不待言。訪問對方的家庭也是洽談公事的方式之一。因爲每人在自宅時，有完全解除心理武裝的效果。外表嚴謹，有板有眼的人，說不定家有悍妻或懼內會會長，外表善良的人，說不定在家庭內是性格彆扭的傢伙。因此，在家庭內並沒有讓他繼續戴着假面具的餘地，結果，也只能以原先的眞正面目與他人交往。

同時，人們一旦被人揭穿眞面目以後，至少在你面前，也能導致緩和心理武裝的後果。換句話說，不願被人所知的內幕被你看穿時，基於某種意義而言，他心理上的弱點已經落到你的手上，等於是處於下風的地位了。

像這樣，如果想要使會談順利進行的話，選擇場所、氣氛，也是達成目的的一種重要手段。

7　絕不可毀謗女人

有些男人天生就被女人所厭惡。

「那種人好討厭哦！尖酸刻薄，人品又下流……。」

「說話那麼露骨，毫不保留，眞是受不了吔！」

經常毀謗女人，散播女人謠言的男人，才愈會被女人所厭惡。

要獲得女人的芳心，首先就要誇獎女人。俗話有云：「一誇、二逼、三情緒」。女人首先對男人最關心的一件事，並非男人的長相，也非教養，學識等消極性的條件。誇獎自己的男人，承認自己美艷的男人，才是女人關心的最大對象。

只要誇獎她們、鼓勵她們，就可使女人獲得無上的快感，打動女人的芳心，例如：

「你的眼神好迷人哦！」

「好漂亮的手指！」

「失敗並不是你的過失，是你的環境不好。」

女人為求青春永駐，為求在男人面前顯示聰慧的舉動，不惜盡一切努力達成這些願望，世界上再也沒有比女人更貪欲的動物了。所以承認、讚美女人美麗的方法，是擊中她們要害的智舉。女人的美麗、動人，也就是女人最大的弱點。

人類害怕掌握着自己弱點的人，是男女共通的特性。世上沒有任何女人會因為別的男人稱讚自己，誇獎自己而感到憤怒或厭惡的。卽使嘴裏假裝不高興：

「你這是客套話嘛！」

「我要生氣了哦！」

其實內心裏充滿着幸福和快感。特別是「我要生氣了哦」更是內心高興時才會說出的假話。

誇獎男人的時候，由從背後誇獎，經由第三者傳達至當事人耳裏，最具效果。但誇獎女人的時候，無論哪種場合，都應面對面毫不考慮的直接稱讚，而且要不厭其煩的應用各種方式稱讚。

占卜和女性的關係，也是應用女人這種心理的最佳工具。絕不可眞實地揭穿女性的弱點，或說出實話傷了女人心。如果你想和女人保持良好的關係，千萬不可以毀謗她們，貶低他們。

8 熟知被追則逃、逃則追的技巧

「求」這個字，本來寫成裘，把下面的衣字省略掉，就變成了求。大概是古人遇到天寒地凍時，則尋求獸類的皮毛，尋求者的人，與野獸的生存競爭的自然法則中，演變出「被追則逃，逃則緊追」的眞理。

反顧人類社會，同樣的也有許許多多「求」的法則存在。例如債主上門時趕快溜之大吉，開車超速被警察攔截時又加速的逃逸，不願碰到討厭的傢伙時也想法子逃避等等，就是最好的寫照。不過，被追則逃避的話，有些問題可解決，有些問題仍無法解決，所以也因之引發不少的悲喜劇出來。逃避債權人，逃避超速行車，逃避討厭的人等，並逃不了問題的解決，結果反而導致心理的壓抑或釀成悲劇而已。如果能夠理解被追則逃，逃則緊追的技巧，不僅可以避免變成卑屈者、煩惱，避免抱着絕望感，甚至還有可能被對方所認可，所體諒。

男女的戀愛也是如此，不被深愛的人所愛，你不中意的人却又對你死心塌地，正是人類的心理不可理喩的業障。意欲獲得不易獲得的東西，給予高級或最高級的讚賞，並從其中找出滿足感、充實感，和價值感，都是人類心理的寫照吧！

如果女朋友對你說：

「我永遠也不願離開你身邊！」

的時候，相信你越會更加速跑得遠遠的吧！但如果對方告訴你：

「我最討厭你這種人了！」

相信你反而回過頭來緊追不捨吧！

9 制敵機先、認淸對方

知人知面知心的奧義之中，有一項最重要的「制敵機先」！直覺閃動的那一瞬間，如果不採取火速的行動，必喪失千載難逢的良機。

例如，我們假設丈夫剛好在外面尋花問柳返家。做壞事回到家來的丈夫，爲掩飾內心的不安，必定會呈現出畏縮的氣氛。這時候內心的心理狀態，在態度上所表現的是擧止不自然，視線飄閃不定。換句話說，一半不安的心理在作祟：「掩飾得天衣無縫嗎」？「會不會被看穿」？

另一方面又充滿着自信：「反正她也沒有證據，抓不到我。」「不會有問題的。」

也就是處於自己對自己半信半疑的心理狀態下。

所以當先生以緊張的心情回家的時候，才正是太太興師問罪的一瞬間，如果等到第二天早上再問他：

「你昨晚出去風流了吧！」

當場先發制人，一瞬間左右勝敗的命運。

這時早已給他充份的餘裕和自信了，所以必以輕鬆的口氣回你一句：

「哪裏，摸麻將去了嘛！」

儘管你再怎麼嚴詞逼問，也問不出個所以然來，這是因爲做太太的沒有確實抓住時機點破的關係。

和對方一碰面時，對方正處於戰戰兢兢，如履薄冰的緊張狀態中。這個時候，先發制人，絲毫不給對方有機會脫逃，才是致勝之道。

10 贈禮也要利用巧妙的方式

提到贈禮，必使人連想到賄賂事件。普通人致贈他人禮品，是進行社會生活理所當然的手段之一。不過有些公司或人物却嚴訂「拒絕贈禮」的規矩。當然，致贈他人禮物，並非僅僅是表達內心謝意的一種目的而已。站在贈送者和接受者的立場來看，贈與收兩方，自然意味着弱者和强者的身份。這一點在商場社會更形爲難。

表示感謝對方的方式，最簡單的就是招待宴飲！

「怎麼樣？晚上我請你喝一杯。」

像這樣子邀約，而對方爽快地應允的人很多。但是贈送禮物則不然。

「我實在不能接受你這種禮物！」

一定有很多人如此拒絕吧！如此表示的人，是用心謹愼，不願劃分强者、弱者關係的人士。但是應用巧妙的方式，或相互間交情的深淺而欣然接受的，也大有人在。

「眞是太謝謝你，何必這麼客氣呢？」

盡管如何地表白「不願受禮」，但只要贈送方式高明的話，再淸高的人也會欣然接受。吃飯、喝酒的時候，吃喝過後，當然就雲消霧散了。但是致贈禮物却有「殘留」的作用存在，可加强我們在對方心目中的印象。不過，致贈的態度要極其自然，絲毫不露馬脚，換句話說，絕不可讓對方發覺我們致贈禮物是想達成某一目的之手段。否則，原本是想表達內心的感謝，結果反被對方瞧不起，或者導致被對方敬而遠之的不良後果，那就枉費一番心血了。

3 交際高明的技巧

1 與生活在精華社會中的人們如何交際

·不必巴結，也不表現出弱點

何謂精華社會呢？那是日本人對那些日本國立大學的學生特許的一種類似特權意識，卽社會上和他們本人都認定存在的獨特風潮。尤其是日本東大、一橋大學、京都大學的學生們、社會上既高度地評價他們智識能力的優秀性，同時他們自己也因外來的評價增長了自我的精華意識。實際上，無論在日本的政府機構，或大企業公司內，這些國立大學出身者，佔着相當高的比率也是事實。

或許你常聽過：「我們經理是台大畢業的」豪語吧！像這樣地，精華意識（elite）應該算是社會隨意加在他們身上的特權意識。例如有些人因之而高傲自負、傲慢無禮，或只與他們認定相配的人物來往等等，也就是存在一種偏見。

卽使非名門大學出身，但在工作上有能力，有卓越才能的人，也都有類似精華意識的心理構造存在。

所以，無論社會如何進步，抱持着精華意識的人永遠不會消失。那麼，我們應採取什麼樣的方法，和這種人交往呢？答案很簡單。把他當一個人對待就行了吧！而不要把他們奉之爲特權階級對待。當然讓對方拋棄自負的優越感也是聰明的做法。很少人會自鳴得意地宣染他自己是東大出身者。大都是由第三者的口中獲知的。所以，卽使你知道對方的出身也用不着巴結。如果對方行事不合邏輯，盡可注意該點，對方犯錯時，當予以糾正。假若對方表現出精華意識的時候，我們可採取絲毫不理他這一套的態度。

俗話有云，「權威也懼怕權威」，假如我們也泰然自若的以權威者的姿態出現，也是鎮壓那些擁有精華意識者的技巧之一。如果這個時候，你特意賣弄權威性的話，必遭對方的反擊，最好在不知不覺之中套入你的學養，進行有趣而幽默地會話方是應行之道。

2. 與工作上的女性交接之道

・散發戀愛意識

無論哪一種行業，都有女性從業員存在。和工作上的女性交接之道，也是挺重要的一門學問吧！和這樣的女人往來的時候，男人必須當心的，是應該抱持着戀愛般地情感。而引發這種情感的人，也大都是從女性本身出發而來的。

「A先生好棒哦！」

「B先生最討厭了，不過近來剛來的那個男孩子好可愛哦！」

她們在日常的會話中，會滲進類似這樣的情感，女性喜歡的男人，即使請求她代爲倒茶泡咖啡之類的瑣事，她們也欣然接受，對討厭的男人就不一樣了。

「喂，倒杯茶來。」

「你自己倒茶都不會啊！我又不是爲了替你們倒茶才來這裏上班的！」

像這樣，如果不保持適度的友好關係，連芝麻蒜皮的小事，也非得自己親自處理不可。

「經常麻煩你眞不好意思，下次有空我請妳吃個飯吧！」

不要忘了經常對她們表示謝意，如此一來，無論什麼事，她們都願爲你代勞，幫你解決。此外，對女人的稱呼也很重要。千萬不可對二十七八歲的「老小姐」直呼伯母、歐巴桑之類的用語。女人都對自己的立場抱有必要以上的高度敏感，一旦你刺激了對方的立場，等於和她們敵對一般，所以對這樣的小姐，應該採取尊重的稱謂，及交接方式才行。如不小心冒犯的話，後果眞的不堪設想。

總歸一句，和工作上的女性往來，與其對她們親切，倒不如輕輕地誇獎她們幾句來得有特效，也才是聰明的做法。

但假如超越某種親密度的時候，她們也毫不加隱瞞，越發變得更大膽。我們也常可耳聞類似的謠言：

「喂，你們不覺得課長跟那個小姐有點奇怪嗎？」

一旦公開化時，這樣的關係演變成工作上的障礙，同時也可能發展成責任問題。這就是不懂如何與職業上女性相接之道的後果。當心不使女人反感，以免有害工作的進行，或避免爲女性厭惡，防礙晉升的機會等等，都是男人須要研究的課題。

3. 如何說服對方

——閒談使對方放鬆再導入主題——

要說服上司採用我們策劃的方案，或說服他人購買我們的產品時，不懂其中之道的人，容易採取以理論直訴的方式。但要知道人是感情的動物，即使理論再正確，道理再正確，仍無法折服他人的情感也是常見的事。

特別是上司對你並不具什麼好感的時候，無論你的企劃表再怎麼偉大，結果上司雖表面讚成，但還不是以「再研究」看看爲終。這種時候，應該用什麼樣的方式才能讓對方接受呢！

在推銷產品的時候，也是同樣的情形，理論是屬於事務性的東西。以事務性向對方推銷，對方是否眞的會購買呢？相反地，即使對方本來不想買的，也會說：

「眞是太有趣了！我雖不需要這樣的東西，但是你很會說話，我就買一些吧！」

與其開門見山的討論事務性的主題，倒不如先天南地北的閒扯，解除對方心理的武裝，然後偸偸地帶上主題，使對方在不知不覺入彀，達到我們的目的。尤其對手是女人的場合更是如此，女性常是以感情來判斷事情，她們根本不需要理論或道理。只要感情上接受的話，還管它什麼理論不理論。

商場上的主要客戶是女性的話，首先要撇開話題：

「下一次一定要讓我招待才行哦！」

如果對方順應我們口氣時，等於機會已經來臨了，但也沒有必要就此慌慌張張地談及生意。無妨隨口閒扯！

「那我送你到那邊去好了。」

「怎麼？你不是找我談生意的嗎？」

如此一來，她反而替我們擔心了。採取另外一種改裝的方式打出主牌，她對你的觀點也轉變成有好感，可以說等於是一石兩鳥。商談的內容越是重要，越要以輕鬆的態度應付：這樣才是足以說服對方情感的手段。

處理事務性的事情，是商談成立後的事。還有，不可遺忘的是，在摸熟了對方的心底狀況以後，才進行商談的主題。

4. 如何與對方商談・方法錯誤必遭反感

公司裏的同仁或後進有事找你洽談協助，而你要對方注意生活態度，或自我反省時，本來居於一番好意，但沒想到却反受到對方的反唇相譏。世界上不乏自認自己的見解才是最正確，而不願接受他人的意見，自以爲是的人們。

這樣地硬指着「你的想法完全錯誤」的，大都是年齡大或各業界的老前輩較多。而受指責的人，也常常因此忿恨不平：「前輩的思想太陳腐了，他根本都不了解嘛！」這種情況時，絕不可硬表反對。因爲事情終會有逐漸明朗化的一天，這種時候：才應反用對方的心理，反過來大力支持對方，尊重對方，才是聰明的做法。假若屬錯誤的思考，對方或許因之而失敗，意見正確，又會使對方對我們有好感。應用這種方法在與對方商談時，更可獲致極大的效果。

與其招致反感不如尊重對方意見。

例如，對方找你商談：「我想離開公司」。如果你這時訓戒對方：「你辭職以後還能幹什麼事呢？」就算你本來一番好意規勸，但如果他離開公司後，自己經營成功的時候，必貶低你在他心目中的地位。

相反的，極力表示支持，尊重對方的意見：

「如果你眞的下定決心這麼做，我相信你離開公司也會大有作爲！」

像這樣地鼓勵對方，卽使對方結果並沒有辭職，對方也不敢在你面前妄自尊大，同時你也掌握了對方的弱點。又假若他離開公司後，眞的成功名就後，你就變成他的功臣，最大的支持者，感謝之情自不在話下，萬一失敗的話，對方也因之獲得教訓，懲前毖後。如我們的意見正確，對方也必對我們大有好感。

此外，也有人相識不可謂之不深，但却從不找我們協助。雖然對我們或許並不具什麼惡感，但常此下去，必有一天情感惡化。這種情況時，最好在暗中誇獎、稱讚他，他會因之反過頭來找我們。

他人夫妻吵嘴，找你評論，你想當個好好先生而擠入居中調解，相當危險。只要詢問他們倆個人的性生活是否協調，其他的事一概不提，夫妻吵架床尾和，千萬不要自討沒趣。

中國自古以來的名言認爲：「有事相談時，不是聽對方說話，只要默默地遞上錢財，一切都可解決。能夠這樣做的人才有資格與人相談！」

5. 交際高明的秘訣

・探討對方的弱點

十種人十種樣子，每個人都有其特殊的個性，我們甚至於可以說，世界上絕不可能有兩個性格完全相同的人存在。探討他人的性格，是與他人保持良好交際的重點之一。例如，假設你的對手是個注重誠意的人士，你言行不一致的行爲，正是你與他交往的致命傷。相反的，探知對方的弱點，並利用這個弱點使情況轉而對我們有利，只要人類操縱着社會生活，如果不懂得這樣的戰術，你等於是個無能的人，會被社會印上無能的烙印。無論如何也不能施展才能。

我們此處所說的探討對方弱點，並不是抓住對方的弱點或秘密，而用此內幕威脅對方，獲取利益。而是探知對方的心情，配合對方，使話題轉而對我們有利的地位。

誰都了解，要是對方性愛漁色，找位合適的美女做陪，必可拉近雙方的距離，使談話順利的進行，而且也有不少人使用過類似的方法。但應用這種美人計的人，與其藉口對方性好漁色，倒不如說自己也是喜好個中滋味的傢伙。

假如對方討厭酒又討厭女人的話，那又會變成什麼情況呢？結果不是徒然耗費鈔票，就是砸了生意。

至少，想要與有關係的人保持良好的交往的話，就應該捨棄自己的嗜好，試探對方的心情，並且依此前進。使對方正中下懷，對方是地位高超，能力優越的幹練型人物全都不足爲畏。無論束己再嚴，行動再謹愼的人，至少絕對有一兩個弱點存在。其弱點就是每個人的心情，依心情分析，可把社會上的人們，大別爲以下數種類型。

①注重誠意類型——外表上堅强，但却有令人意外的一面。個性善變，時好時壞。

②外表似乎正經的類型——外表似乎嚴肅正經的人，大都是神經質，難以相處。招待至酒吧、酒家洽談可使生意順利成功。

③死板類型——與其商談不如付與抽成來得有效。很多是愛說話的自我中心人物。要當個好聽衆。

④偏激類型——這種人外表上似乎不易接近。最好以誠相見，能獲對方中意當然很好，一旦被厭惡的話，什麼都免談了。

⑤互惠類型——難以相處。奉承、招待、義理人情一概不通。心中只有互惠原則，錢最重要。

⑥有人緣類型——以醇酒美人攻勢則無往不利。

⑦剛愎頑固類型——反抗則招損。拍馬阿諛無法打通。唯唯喏喏表示順從最恰當。

⑧單純類型——很多人外觀較實齡更年靑。拍馬奉承下都可順利進行。不過，這種人並不是

愉快的交往對手。

⑨社交性類型——對嘮叨者不理不睬，商談時開門見山乾脆地表明。賭博比酒跟女人有效，打麻將、高爾夫球可獲他們歡心。

⑩內向類型——絕不表露心事的撲克臉為多。過於深入的話，我們可能又受其害。無法抗拒禮物攻勢。

從上述十項基本人性上去探討，找尋應行之道，理解對方的性情，思考方式，心情動向，突破對方內心的缺口以後，就可順利地操縱於股掌之間了。

附錄　古來的識人方法

1 頭髮多的人是勞碌命。
2 牙齒有空隙的人是撒謊能手。
3 眉毛長的人體弱多病。
4 女人額頭有傷痕者，無法得到家庭運。
5 三個頭渦的人非大人物就是大惡人，絕不會是普通人物，視雙親如何教養而定。
6 牙齒黃的人齒質較堅固。
7 脚指甲高的人善於走路。扁平足則相反，最怕登山。
8 額頭寬的人聰明。
9 大脚笨，小脚懶。
10 絕壁頭的人性好漁色。
11 愛好殺戮野獸的人（狗、猫、鳥、猪）而食之的人，會生出兎唇的兒女。
12 好哭的孩子健康，不哭的孩子是腺病質。

13 女人膚色白的有良緣（可避七難）。
14 手指甲上有黑痣的人手巧。
15 嘴角有痣的人是好吃鬼。在嘴邊附近是祥瑞之兆。
16 眼下有痣的人子女緣份薄。
17 眼角多紋的人多淫多情。
18 眉毛和眼睛間的一線有痣的人淫亂。
19 耳朵厚的人有財氣德高望重。
20 眼睛周圍多痣或黑斑的人易哭泣渡其終生，尤其女人應多加留心。
21 頭大的人早死。
22 脚食指比姆指長的人，靠父母庇護而成功。
23 手指尖細的人手巧。女人姆指短易當美容師。
24 胃部長脹的人胃弱。
25 有痣是因爲母親懷孕時受驚而把手放在肚子上。

大展出版社有限公司	圖書目錄
地址：台北市北投區11204 致遠一路二段12巷1號 郵撥： 0166955～1	電話：(02) 8236031 8236033 傳眞：(02) 8272069

• 法律專欄連載 • 電腦編號 58

台大法學院 法律學系／策劃 法律服務社／編著

①別讓您的權利睡著了[1]	200元
②別讓您的權利睡著了[2]	200元

• 秘傳占卜系列 • 電腦編號 14

①手相術	淺野八郎著	150元
②人相術	淺野八郎著	150元
③西洋占星術	淺野八郎著	150元
④中國神奇占卜	淺野八郎著	150元
⑤夢判斷	淺野八郎著	150元
⑥前世、來世占卜	淺野八郎著	150元
⑦法國式血型學	淺野八郎著	150元
⑧靈感、符咒學	淺野八郎著	150元
⑨紙牌占卜學	淺野八郎著	150元
⑩ＥＳＰ超能力占卜	淺野八郎著	150元
⑪猶太數的秘術	淺野八郎著	150元
⑫新心理測驗	淺野八郎著	160元

• 趣味心理講座 • 電腦編號 15

①性格測驗１	探索男與女	淺野八郎著	140元
②性格測驗２	透視人心奧秘	淺野八郎著	140元
③性格測驗３	發現陌生的自己	淺野八郎著	140元
④性格測驗４	發現你的真面目	淺野八郎著	140元
⑤性格測驗５	讓你們吃驚	淺野八郎著	140元
⑥性格測驗６	洞穿心理盲點	淺野八郎著	140元
⑦性格測驗７	探索對方心理	淺野八郎著	140元
⑧性格測驗８	由吃認識自己	淺野八郎著	140元
⑨性格測驗９	戀愛知多少	淺野八郎著	140元

⑩性格測驗10　由裝扮瞭解人心		淺野八郎著	140元
⑪性格測驗11　敲開內心玄機		淺野八郎著	140元
⑫性格測驗12　透視你的未來		淺野八郎著	140元
⑬血型與你的一生		淺野八郎著	160元
⑭趣味推理遊戲		淺野八郎著	160元
⑮行爲語言解析		淺野八郎著	160元

•婦幼天地•電腦編號16

①八萬人減肥成果	黃靜香譯	180元
②三分鐘減肥體操	楊鴻儒譯	150元
③窈窕淑女美髮秘訣	柯素娥譯	130元
④使妳更迷人	成　玉譯	130元
⑤女性的更年期	官舒妍編譯	160元
⑥胎內育兒法	李玉瓊編譯	150元
⑦早產兒袋鼠式護理	唐岱蘭譯	200元
⑧初次懷孕與生產	婦幼天地編譯組	180元
⑨初次育兒12個月	婦幼天地編譯組	180元
⑩斷乳食與幼兒食	婦幼天地編譯組	180元
⑪培養幼兒能力與性向	婦幼天地編譯組	180元
⑫培養幼兒創造力的玩具與遊戲	婦幼天地編譯組	180元
⑬幼兒的症狀與疾病	婦幼天地編譯組	180元
⑭腿部苗條健美法	婦幼天地編譯組	150元
⑮女性腰痛別忽視	婦幼天地編譯組	150元
⑯舒展身心體操術	李玉瓊編譯	130元
⑰三分鐘臉部體操	趙薇妮著	160元
⑱生動的笑容表情術	趙薇妮著	160元
⑲心曠神怡減肥法	川津祐介著	130元
⑳內衣使妳更美麗	陳玄茹譯	130元
㉑瑜伽美姿美容	黃靜香編著	150元
㉒高雅女性裝扮學	陳珮玲譯	180元
㉓蠶糞肌膚美顏法	坂梨秀子著	160元
㉔認識妳的身體	李玉瓊譯	160元
㉕產後恢復苗條體態	居理安•芙萊喬著	200元
㉖正確護髮美容法	山崎伊久江著	180元
㉗安琪拉美姿養生學	安琪拉蘭斯博瑞著	180元
㉘女體性醫學剖析	增田豐著	220元
㉙懷孕與生產剖析	岡部綾子著	180元
㉚斷奶後的健康育兒	東城百合子著	220元
㉛引出孩子幹勁的責罵藝術	多湖輝著	170元
㉜培養孩子獨立的藝術	多湖輝著	170元

㉝子宮肌瘤與卵巢囊腫	陳秀琳編著	180元
㉞下半身減肥法	納他夏・史達賓著	180元
㉟女性自然美容法	吳雅菁編著	180元

・青 春 天 地・電腦編號 17

①A血型與星座	柯素娥編譯	120元
②B血型與星座	柯素娥編譯	120元
③O血型與星座	柯素娥編譯	120元
④AB血型與星座	柯素娥編譯	120元
⑤青春期性教室	呂貴嵐編譯	130元
⑥事半功倍讀書法	王毅希編譯	150元
⑦難解數學破題	宋釗宜編譯	130元
⑧速算解題技巧	宋釗宜編譯	130元
⑨小論文寫作秘訣	林顯茂編譯	120元
⑪中學生野外遊戲	熊谷康編著	120元
⑫恐怖極短篇	柯素娥編譯	130元
⑬恐怖夜話	小毛驢編譯	130元
⑭恐怖幽默短篇	小毛驢編譯	120元
⑮黑色幽默短篇	小毛驢編譯	120元
⑯靈異怪談	小毛驢編譯	130元
⑰錯覺遊戲	小毛驢編譯	130元
⑱整人遊戲	小毛驢編著	150元
⑲有趣的超常識	柯素娥編譯	130元
⑳哦！原來如此	林慶旺編譯	130元
㉑趣味競賽100種	劉名揚編譯	120元
㉒數學謎題入門	宋釗宜編譯	150元
㉓數學謎題解析	宋釗宜編譯	150元
㉔透視男女心理	林慶旺編譯	120元
㉕少女情懷的自白	李桂蘭編譯	120元
㉖由兄弟姊妹看命運	李玉瓊編譯	130元
㉗趣味的科學魔術	林慶旺編譯	150元
㉘趣味的心理實驗室	李燕玲編譯	150元
㉙愛與性心理測驗	小毛驢編譯	130元
㉚刑案推理解謎	小毛驢編譯	130元
㉛偵探常識推理	小毛驢編譯	130元
㉜偵探常識解謎	小毛驢編譯	130元
㉝偵探推理遊戲	小毛驢編譯	130元
㉞趣味的超魔術	廖玉山編著	150元
㉟趣味的珍奇發明	柯素娥編著	150元
㊱登山用具與技巧	陳瑞菊編著	150元

・健康天地・電腦編號 18

①壓力的預防與治療	柯素娥編譯	130元
②超科學氣的魔力	柯素娥編譯	130元
③尿療法治病的神奇	中尾良一著	130元
④鐵證如山的尿療法奇蹟	廖玉山譯	120元
⑤一日斷食健康法	葉慈容編譯	150元
⑥胃部強健法	陳炳崑譯	120元
⑦癌症早期檢查法	廖松濤譯	160元
⑧老人痴呆症防止法	柯素娥編譯	130元
⑨松葉汁健康飲料	陳麗芬編譯	130元
⑩揉肚臍健康法	永井秋夫著	150元
⑪過勞死、猝死的預防	卓秀貞編譯	130元
⑫高血壓治療與飲食	藤山順豐著	150元
⑬老人看護指南	柯素娥編譯	150元
⑭美容外科淺談	楊啟宏著	150元
⑮美容外科新境界	楊啟宏著	150元
⑯鹽是天然的醫生	西英司郎著	140元
⑰年輕十歲不是夢	梁瑞麟譯	200元
⑱茶料理治百病	桑野和民著	180元
⑲綠茶治病寶典	桑野和民著	150元
⑳杜仲茶養顏減肥法	西田博著	150元
㉑蜂膠驚人療效	瀨長良三郎著	150元
㉒蜂膠治百病	瀨長良三郎著	180元
㉓醫藥與生活	鄭炳全著	180元
㉔鈣長生寶典	落合敏著	180元
㉕大蒜長生寶典	木下繁太郎著	160元
㉖居家自我健康檢查	石川恭三著	160元
㉗永恒的健康人生	李秀鈴譯	200元
㉘大豆卵磷脂長生寶典	劉雪卿譯	150元
㉙芳香療法	梁艾琳譯	160元
㉚醋長生寶典	柯素娥譯	180元
㉛從星座透視健康	席拉・吉蒂斯著	180元
㉜愉悅自在保健學	野本二士夫著	160元
㉝裸睡健康法	丸山淳士等著	160元
㉞糖尿病預防與治療	藤田順豐著	180元
㉟維他命長生寶典	菅原明子著	180元
㊱維他命C新效果	鐘文訓編	150元
㊲手、腳病理按摩	堤芳郎著	160元
㊳AIDS瞭解與預防	彼得塔歇爾著	180元

㊴甲殼質殼聚糖健康法　沈永嘉譯　160元
㊵神經痛預防與治療　木下眞男著　160元
㊶室內身體鍛鍊法　陳炳崑編著　160元
㊷吃出健康藥膳　劉大器編著　180元
㊸自我指壓術　蘇燕謀編著　160元
㊹紅蘿蔔汁斷食療法　李玉瓊編著　150元
㊺洗心術健康秘法　竺翠萍編譯　170元
㊻枇杷葉健康療法　柯素娥編譯　180元
㊼抗衰血癒　楊啟宏著　180元
㊽與癌搏鬥記　逸見政孝著　180元
㊾冬蟲夏草長生寶典　高橋義博著　170元
㊿痔瘡・大腸疾病先端療法　宮島伸宜著　180元
51膠布治癒頑固慢性病　加瀨建造著　180元
52芝麻神奇健康法　小林貞作著　170元
53香煙能防止癡呆？　高田明和著　180元
54穀菜食治癌療法　佐藤成志著　180元

・實用女性學講座・電腦編號 19

①解讀女性內心世界　島田一男著　150元
②塑造成熟的女性　島田一男著　150元
③女性整體裝扮學　黃靜香編著　180元
④女性應對禮儀　黃靜香編著　180元

・校 園 系 列・電腦編號 20

①讀書集中術　多湖輝著　150元
②應考的訣竅　多湖輝著　150元
③輕鬆讀書贏得聯考　多湖輝著　150元
④讀書記憶秘訣　多湖輝著　150元
⑤視力恢復！超速讀術　江錦雲譯　180元
⑥讀書36計　黃柏松編著　180元
⑦驚人的速讀術　鐘文訓編著　170元

・實用心理學講座・電腦編號 21

①拆穿欺騙伎倆　多湖輝著　140元
②創造好構想　多湖輝著　140元
③面對面心理術　多湖輝著　160元
④偽裝心理術　多湖輝著　140元
⑤透視人性弱點　多湖輝著　140元

⑥自我表現術	多湖輝著	150元
⑦不可思議的人性心理	多湖輝著	150元
⑧催眠術入門	多湖輝著	150元
⑨責罵部屬的藝術	多湖輝著	150元
⑩精神力	多湖輝著	150元
⑪厚黑說服術	多湖輝著	150元
⑫集中力	多湖輝著	150元
⑬構想力	多湖輝著	150元
⑭深層心理術	多湖輝著	160元
⑮深層語言術	多湖輝著	160元
⑯深層說服術	多湖輝著	180元
⑰掌握潛在心理	多湖輝著	160元
⑱洞悉心理陷阱	多湖輝著	180元
⑲解讀金錢心理	多湖輝著	180元
⑳拆穿語言圈套	多湖輝著	180元
㉑語言的心理戰	多湖輝著	180元

•超現實心理講座•電腦編號 22

①超意識覺醒法	詹蔚芬編譯	130元
②護摩秘法與人生	劉名揚編譯	130元
③秘法！超級仙術入門	陸　明譯	150元
④給地球人的訊息	柯素娥編著	150元
⑤密教的神通力	劉名揚編著	130元
⑥神秘奇妙的世界	平川陽一著	180元
⑦地球文明的超革命	吳秋嬌譯	200元
⑧力量石的秘密	吳秋嬌譯	180元
⑨超能力的靈異世界	馬小莉譯	200元
⑩逃離地球毀滅的命運	吳秋嬌譯	200元
⑪宇宙與地球終結之謎	南山宏著	200元
⑫驚世奇功揭秘	傅起鳳著	200元
⑬啟發身心潛力心象訓練法	栗田昌裕著	180元
⑭仙道術遁甲法	高藤聰一郎著	220元
⑮神通力的秘密	中岡俊哉著	180元

•養生保健•電腦編號 23

①醫療養生氣功	黃孝寬著	250元
②中國氣功圖譜	余功保著	230元
③少林醫療氣功精粹	井玉蘭著	250元
④龍形實用氣功	吳大才等著	220元

⑤魚戲增視強身氣功	宮　嬰著	220元
⑥嚴新氣功	前新培金著	250元
⑦道家玄牝氣功	張　章著	200元
⑧仙家秘傳袪病功	李遠國著	160元
⑨少林十大健身功	秦慶豐著	180元
⑩中國自控氣功	張明武著	250元
⑪醫療防癌氣功	黃孝寬著	250元
⑫醫療強身氣功	黃孝寬著	250元
⑬醫療點穴氣功	黃孝寬著	250元
⑭中國八卦如意功	趙維漢著	180元
⑮正宗馬禮堂養氣功	馬禮堂著	420元
⑯秘傳道家筋經內丹功	王慶餘著	280元
⑰三元開慧功	辛桂林著	250元
⑱防癌治癌新氣功	郭　林著	180元
⑲禪定與佛家氣功修煉	劉天君著	200元
⑳顛倒之術	梅自強著	元
㉑簡明氣功辭典	吳家駿編	元

• 社會人智囊 • 電腦編號 24

①糾紛談判術	清水增三著	160元
②創造關鍵術	淺野八郎著	150元
③觀人術	淺野八郎著	180元
④應急詭辯術	廖英迪編著	160元
⑤天才家學習術	木原武一著	160元
⑥猫型狗式鑑人術	淺野八郎著	180元
⑦逆轉運掌握術	淺野八郎著	180元
⑧人際圓融術	澀谷昌三著	160元
⑨解讀人心術	淺野八郎著	180元
⑩與上司水乳交融術	秋元隆司著	180元
⑪男女心態定律	小田晉著	180元
⑫幽默說話術	林振輝編著	200元
⑬人能信賴幾分	淺野八郎著	180元
⑭我一定能成功	李玉瓊譯	元
⑮獻給青年的嘉言	陳蒼杰譯	元
⑯知人、知面、知其心	林振輝編著	元

• 精 選 系 列 • 電腦編號 25

①毛澤東與鄧小平	渡邊利夫等著	280元
②中國大崩裂	江戶介雄著	180元

③台灣・亞洲奇蹟	上村幸治著	220元
④7-ELEVEN高盈收策略	國友隆一著	180元
⑤台灣獨立	森　詠著	200元
⑥迷失中國的末路	江戶雄介著	220元
⑦2000年5月全世界毀滅	紫藤甲子男著	180元

・運動遊戲・電腦編號26

①雙人運動	李玉瓊譯	160元
②愉快的跳繩運動	廖玉山譯	180元
③運動會項目精選	王佑京譯	150元
④肋木運動	廖玉山譯	150元
⑤測力運動	王佑宗譯	150元

・銀髮族智慧學・電腦編號28

①銀髮六十樂逍遙	多湖輝著	170元
②人生六十反年輕	多湖輝著	170元
③六十歲的決斷	多湖輝著	170元

・心靈雅集・電腦編號00

①禪言佛語看人生	松濤弘道著	180元
②禪密教的奧秘	葉逯謙譯	120元
③觀音大法力	田口日勝著	120元
④觀音法力的大功德	田口日勝著	120元
⑤達摩禪106智慧	劉華亭編譯	150元
⑥有趣的佛教研究	葉逯謙編譯	120元
⑦夢的開運法	蕭京凌譯	130元
⑧禪學智慧	柯素娥編譯	130元
⑨女性佛教入門	許俐萍譯	110元
⑩佛像小百科	心靈雅集編譯組	130元
⑪佛教小百科趣談	心靈雅集編譯組	120元
⑫佛教小百科漫談	心靈雅集編譯組	150元
⑬佛教知識小百科	心靈雅集編譯組	150元
⑭佛學名言智慧	松濤弘道著	220元
⑮釋迦名言智慧	松濤弘道著	220元
⑯活人禪	平田精耕著	120元
⑰坐禪入門	柯素娥編譯	150元
⑱現代禪悟	柯素娥編譯	130元
⑲道元禪師語錄	心靈雅集編譯組	130元

⑳佛學經典指南	心靈雅集編譯組	130元
㉑何謂「生」 阿含經	心靈雅集編譯組	150元
㉒一切皆空 般若心經	心靈雅集編譯組	150元
㉓超越迷惘 法句經	心靈雅集編譯組	130元
㉔開拓宇宙觀 華嚴經	心靈雅集編譯組	130元
㉕真實之道 法華經	心靈雅集編譯組	130元
㉖自由自在 涅槃經	心靈雅集編譯組	130元
㉗沈默的教示 維摩經	心靈雅集編譯組	150元
㉘開通心眼 佛語佛戒	心靈雅集編譯組	130元
㉙揭秘寶庫 密教經典	心靈雅集編譯組	130元
㉚坐禪與養生	廖松濤譯	110元
㉛釋尊十戒	柯素娥編譯	120元
㉜佛法與神通	劉欣如編著	120元
㉝悟（正法眼藏的世界）	柯素娥編譯	120元
㉞只管打坐	劉欣如編著	120元
㉟喬答摩・佛陀傳	劉欣如編著	120元
㊱唐玄奘留學記	劉欣如編著	120元
㊲佛教的人生觀	劉欣如編譯	110元
㊳無門關（上卷）	心靈雅集編譯組	150元
㊴無門關（下卷）	心靈雅集編譯組	150元
㊵業的思想	劉欣如編著	130元
㊶佛法難學嗎	劉欣如著	140元
㊷佛法實用嗎	劉欣如著	140元
㊸佛法殊勝嗎	劉欣如著	140元
㊹因果報應法則	李常傳編	140元
㊺佛教醫學的奧秘	劉欣如編著	150元
㊻紅塵絕唱	海　若著	130元
㊼佛教生活風情	洪丕謨、姜玉珍著	220元
㊽行住坐臥有佛法	劉欣如著	160元
㊾起心動念是佛法	劉欣如著	160元
㊿四字禪語	曹洞宗青年會	200元
⑤①妙法蓮華經	劉欣如編著	160元
⑤②根本佛教與大乘佛教	葉作森編	180元

•經 營 管 理• 電腦編號 01

◎創新經營六十六大計（精）	蔡弘文編	780元
①如何獲取生意情報	蘇燕謀譯	110元
②經濟常識問答	蘇燕謀譯	130元
④台灣商戰風雲錄	陳中雄著	120元
⑤推銷大王秘錄	原一平著	180元

⑥新創意・賺大錢	王家成譯	90元
⑦工廠管理新手法	琪　輝著	120元
⑨經營參謀	柯順隆譯	120元
⑩美國實業24小時	柯順隆譯	80元
⑪撼動人心的推銷法	原一平著	150元
⑫高竿經營法	蔡弘文編	120元
⑬如何掌握顧客	柯順隆譯	150元
⑭一等一賺錢策略	蔡弘文編	120元
⑯成功經營妙方	鐘文訓著	120元
⑰一流的管理	蔡弘文編	150元
⑱外國人看中韓經濟	劉華亭譯	150元
⑳突破商場人際學	林振輝編著	90元
㉑無中生有術	琪輝編著	140元
㉒如何使女人打開錢包	林振輝編著	100元
㉓操縱上司術	邑井操著	90元
㉔小公司經營策略	王嘉誠著	160元
㉕成功的會議技巧	鐘文訓編譯	100元
㉖新時代老闆學	黃柏松編著	100元
㉗如何創造商場智囊團	林振輝編譯	150元
㉘十分鐘推銷術	林振輝編譯	180元
㉙五分鐘育才	黃柏松編譯	100元
㉚成功商場戰術	陸明編譯	100元
㉛商場談話技巧	劉華亭編譯	120元
㉜企業帝王學	鐘文訓譯	90元
㉝自我經濟學	廖松濤編譯	100元
㉞一流的經營	陶田生編著	120元
㉟女性職員管理術	王昭國編譯	120元
㊱ＩＢＭ的人事管理	鐘文訓編譯	150元
㊲現代電腦常識	王昭國編譯	150元
㊳電腦管理的危機	鐘文訓編譯	120元
㊴如何發揮廣告效果	王昭國編譯	150元
㊵最新管理技巧	王昭國編譯	150元
㊶一流推銷術	廖松濤編譯	150元
㊷包裝與促銷技巧	王昭國編譯	130元
㊸企業王國指揮塔	松下幸之助著	120元
㊹企業精銳兵團	松下幸之助著	120元
㊺企業人事管理	松下幸之助著	100元
㊻華僑經商致富術	廖松濤編譯	130元
㊼豐田式銷售技巧	廖松濤編譯	180元
㊽如何掌握銷售技巧	王昭國編著	130元
㊿洞燭機先的經營	鐘文訓編譯	150元

㊾新世紀的服務業	鐘文訓編譯	100元
㊿成功的領導者	廖松濤編譯	120元
54女推銷員成功術	李玉瓊編譯	130元
55ＩＢＭ人才培育術	鐘文訓編譯	100元
56企業人自我突破法	黃琪輝編著	150元
58財富開發術	蔡弘文編著	130元
59成功的店舖設計	鐘文訓編著	150元
61企管回春法	蔡弘文編著	130元
62小企業經營指南	鐘文訓編譯	100元
63商場致勝名言	鐘文訓編譯	150元
64迎接商業新時代	廖松濤編譯	100元
66新手股票投資入門	何朝乾　編	180元
67上揚股與下跌股	何朝乾編譯	180元
68股票速成學	何朝乾編譯	200元
69理財與股票投資策略	黃俊豪編著	180元
70黃金投資策略	黃俊豪編著	180元
71厚黑管理學	廖松濤編譯	180元
72股市致勝格言	呂梅莎編譯	180元
73透視西武集團	林谷燁編譯	150元
76巡迴行銷術	陳蒼杰譯	150元
77推銷的魔術	王嘉誠譯	120元
78 60秒指導部屬	周蓮芬編譯	150元
79精銳女推銷員特訓	李玉瓊編譯	130元
80企劃、提案、報告圖表的技巧	鄭　汶　譯	180元
81海外不動產投資	許達守編譯	150元
82八百件的世界策略	李玉瓊譯	150元
83服務業品質管理	吳宜芬譯	180元
84零庫存銷售	黃東謙編譯	150元
85三分鐘推銷管理	劉名揚編譯	150元
86推銷大王奮鬥史	原一平著	150元
87豐田汽車的生產管理	林谷燁編譯	150元

•成功寶庫•電腦編號02

①上班族交際術	江森滋著	100元
②拍馬屁訣竅	廖玉山編譯	110元
④聽話的藝術	歐陽輝編譯	110元
⑨求職轉業成功術	陳　義編著	110元
⑩上班族禮儀	廖玉山編著	120元
⑪接近心理學	李玉瓊編著	100元
⑫創造自信的新人生	廖松濤編著	120元

⑭上班族如何出人頭地	廖松濤編著	100元
⑮神奇瞬間瞑想法	廖松濤編譯	100元
⑯人生成功之鑰	楊意苓編著	150元
⑲給企業人的諍言	鐘文訓編著	120元
⑳企業家自律訓練法	陳　義編譯	100元
㉑上班族妖怪學	廖松濤編著	100元
㉒猶太人縱橫世界的奇蹟	孟佑政編著	110元
㉓訪問推銷術	黃静香編著	130元
㉕你是上班族中強者	嚴思圖編著	100元
㉖向失敗挑戰	黃静香編著	100元
㉙機智應對術	李玉瓊編著	130元
㉚成功頓悟100則	蕭京凌編譯	130元
㉛掌握好運100則	蕭京凌編譯	110元
㉜知性幽默	李玉瓊編譯	130元
㉝熟記對方絕招	黃静香編譯	100元
㉞男性成功秘訣	陳蒼杰編譯	130元
㊱業務員成功秘方	李玉瓊編著	120元
㊲察言觀色的技巧	劉華亭編著	130元
㊳一流領導力	施義彥編譯	120元
㊴一流說服力	李玉瓊編著	130元
㊵30秒鐘推銷術	廖松濤編譯	150元
㊶猶太成功商法	周蓮芬編譯	120元
㊷尖端時代行銷策略	陳蒼杰編著	100元
㊸顧客管理學	廖松濤編著	100元
㊹如何使對方說Yes	程　羲編著	150元
㊺如何提高工作效率	劉華亭編著	150元
㊼上班族口才學	楊鴻儒譯	120元
㊽上班族新鮮人須知	程　羲編著	120元
㊾如何左右逢源	程　羲編著	130元
㊿語言的心理戰	多湖輝著	130元
51扣人心弦演說術	劉名揚編著	120元
53如何增進記憶力、集中力	廖松濤譯	130元
55性惡企業管理學	陳蒼杰譯	130元
56自我啟發200招	楊鴻儒編著	150元
57做個傑出女職員	劉名揚編著	130元
58靈活的集團營運術	楊鴻儒編著	120元
60個案研究活用法	楊鴻儒編著	130元
61企業教育訓練遊戲	楊鴻儒編著	120元
62管理者的智慧	程　義編譯	130元
63做個佼佼管理者	馬筱莉編譯	130元
64智慧型說話技巧	沈永嘉編譯	130元

⑯活用佛學於經營	松濤弘道著	150元
⑰活用禪學於企業	柯素娥編譯	130元
⑱詭辯的智慧	沈永嘉編譯	150元
⑲幽默詭辯術	廖玉山編譯	150元
⑳拿破崙智慧箴言	柯素娥編譯	130元
㉑自我培育・超越	蕭京凌編譯	150元
㉔時間即一切	沈永嘉編譯	130元
㉕自我脫胎換骨	柯素娥譯	150元
㉖贏在起跑點—人才培育鐵則	楊鴻儒編譯	150元
㉗做一枚活棋	李玉瓊編譯	130元
㉘面試成功戰略	柯素娥編譯	130元
㉙自我介紹與社交禮儀	柯素娥編譯	150元
㉚說NO的技巧	廖玉山編譯	130元
㉛瞬間攻破心防法	廖玉山編譯	120元
㉜改變一生的名言	李玉瓊編譯	130元
㉝性格性向創前程	楊鴻儒編譯	130元
㉞訪問行銷新竅門	廖玉山編譯	150元
㉟無所不達的推銷話術	李玉瓊編譯	150元

・處世智慧・電腦編號 03

①如何改變你自己	陸明編譯	120元
④幽默說話術	林振輝編譯	120元
⑤讀書36計	黃柏松編譯	120元
⑥靈感成功術	譚繼山編譯	80元
⑧扭轉一生的五分鐘	黃柏松編譯	100元
⑨知人、知面、知其心	林振輝譯	110元
⑩現代人的詭計	林振輝譯	100元
⑫如何利用你的時間	蘇遠謀譯	80元
⑬口才必勝術	黃柏松編譯	120元
⑭女性的智慧	譚繼山編譯	90元
⑮如何突破孤獨	張文志編譯	80元
⑯人生的體驗	陸明編譯	80元
⑰微笑社交術	張芳明譯	90元
⑱幽默吹牛術	金子登著	90元
⑲攻心說服術	多湖輝著	100元
⑳當機立斷	陸明編譯	70元
㉑勝利者的戰略	宋恩臨編譯	80元
㉒如何交朋友	安紀芳編著	70元
㉓鬥智奇謀（諸葛孔明兵法）	陳炳崑著	70元
㉔慧心良言	亦　奇著	80元

㉕名家慧語	蔡逸鴻主編	90元
㉗稱霸者啟示金言	黃柏松編譯	90元
㉘如何發揮你的潛能	陸明編譯	90元
㉙女人身態語言學	李常傳譯	130元
㉚摸透女人心	張文志譯	90元
㉛現代戀愛秘訣	王家成譯	70元
㉜給女人的悄悄話	妮倩編譯	90元
㉞如何開拓快樂人生	陸明編譯	90元
㉟驚人時間活用法	鐘文訓譯	80元
㊱成功的捷徑	鐘文訓譯	70元
㊲幽默逗笑術	林振輝著	120元
㊳活用血型讀書法	陳炳崑譯	80元
㊴心　燈	葉于模著	100元
㊵當心受騙	林顯茂譯	90元
㊶心・體・命運	蘇燕謀譯	70元
㊷如何使頭腦更敏銳	陸明編譯	70元
㊸宮本武藏五輪書金言錄	宮本武藏著	100元
㊺勇者的智慧	黃柏松編譯	80元
㊼成熟的愛	林振輝譯	120元
㊽現代女性駕馭術	蔡德華著	90元
㊾禁忌遊戲	酒井潔著	90元
㊿摸透男人心	劉華亭編譯	80元
53如何達成願望	謝世輝著	90元
54創造奇蹟的「想念法」	謝世輝著	90元
55創造成功奇蹟	謝世輝著	90元
56男女幽默趣典	劉華亭譯	90元
57幻想與成功	廖松濤譯	80元
58反派角色的啟示	廖松濤編譯	70元
59現代女性須知	劉華亭編著	75元
61機智說話術	劉華亭編譯	100元
62如何突破內向	姜倩怡編譯	110元
64讀心術入門	王家成編譯	100元
65如何解除內心壓力	林美羽編著	110元
66取信於人的技巧	多湖輝著	110元
67如何培養堅強的自我	林美羽編著	90元
68自我能力的開拓	卓一凡編著	110元
70縱橫交涉術	嚴思圖編著	90元
71如何培養妳的魅力	劉文珊編著	90元
72魅力的力量	姜倩怡編著	90元
73金錢心理學	多湖輝著	100元
74語言的圈套	多湖輝著	110元

⑦⑤個性膽怯者的成功術	廖松濤編譯	100元
⑦⑥人性的光輝	文可式編著	90元
⑦⑨培養靈敏頭腦秘訣	廖玉山編著	90元
⑧⓪夜晚心理術	鄭秀美編譯	80元
⑧①如何做個成熟的女性	李玉瓊編著	80元
⑧②現代女性成功術	劉文珊編著	90元
⑧③成功說話技巧	梁惠珠編譯	100元
⑧④人生的真諦	鐘文訓編譯	100元
⑧⑤妳是人見人愛的女孩	廖松濤編著	120元
⑧⑦指尖・頭腦體操	蕭京凌編譯	90元
⑧⑧電話應對禮儀	蕭京凌編著	120元
⑧⑨自我表現的威力	廖松濤編譯	100元
⑨⓪名人名語啟示錄	喬家楓編著	100元
⑨①男與女的哲思	程鐘梅編譯	110元
⑨②靈思慧語	牧　風著	110元
⑨③心靈夜語	牧　風著	100元
⑨④激盪腦力訓練	廖松濤編譯	100元
⑨⑤三分鐘頭腦活性法	廖玉山編譯	110元
⑨⑥星期一的智慧	廖玉山編譯	100元
⑨⑦溝通說服術	賴文琇編譯	100元
⑨⑧超速讀超記憶法	廖松濤編譯	140元

・健康與美容・電腦編號 04

①B型肝炎預防與治療	曾慧琪譯	130元
③媚酒傳（中國王朝秘酒）	陸明主編	120元
④藥酒與健康果菜汁	成玉主編	150元
⑤中國回春健康術	蔡一藩著	100元
⑥奇蹟的斷食療法	蘇燕謀譯	110元
⑧健美食物法	陳炳崑譯	120元
⑨驚異的漢方療法	唐龍編著	90元
⑩不老強精食	唐龍編著	100元
⑫五分鐘跳繩健身法	蘇明達譯	100元
⑬睡眠健康法	王家成譯	80元
⑭你就是名醫	張芳明譯	90元
⑮如何保護你的眼睛	蘇燕謀譯	70元
⑲釋迦長壽健康法	譚繼山譯	90元
⑳腳部按摩健康法	譚繼山譯	120元
㉑自律健康法	蘇明達譯	90元
㉓身心保健座右銘	張仁福著	160元
㉔腦中風家庭看護與運動治療	林振輝譯	100元

㉕秘傳醫學人相術	成玉主編	120元
㉖導引術入門(1)治療慢性病	成玉主編	110元
㉗導引術入門(2)健康・美容	成玉主編	110元
㉘導引術入門(3)身心健康法	成玉主編	110元
㉙妙用靈藥・蘆薈	李常傳譯	150元
㉚萬病回春百科	吳通華著	150元
㉛初次懷孕的10個月	成玉編譯	130元
㉜中國秘傳氣功治百病	陳炳崑編譯	130元
㉟仙人長生不老學	陸明編譯	100元
㊱釋迦秘傳米粒刺激法	鐘文訓譯	120元
㊲痔・治療與預防	陸明編譯	130元
㊳自我防身絕技	陳炳崑編譯	120元
㊴運動不足時疲勞消除法	廖松濤譯	110元
㊵三溫暖健康法	鐘文訓編譯	90元
㊸維他命與健康	鐘文訓譯	150元
㊺森林浴—綠的健康法	劉華亭編譯	80元
㊼導引術入門(4)酒浴健康法	成玉主編	90元
㊽導引術入門(5)不老回春法	成玉主編	90元
㊾山白竹（劍竹）健康法	鐘文訓譯	90元
㊿解救你的心臟	鐘文訓編譯	100元
51牙齒保健法	廖玉山譯	90元
52超人氣功法	陸明編譯	110元
54借力的奇蹟(1)	力拔山著	100元
55借力的奇蹟(2)	力拔山著	100元
56五分鐘小睡健康法	呂添發撰	120元
57禿髮、白髮預防與治療	陳炳崑撰	120元
59艾草健康法	張汝明編譯	90元
60一分鐘健康診斷	蕭京凌編譯	90元
61念術入門	黃靜香編譯	90元
62念術健康法	黃靜香編譯	90元
63健身回春法	梁惠珠編譯	100元
64姿勢養生法	黃秀娟編譯	90元
65仙人瞑想法	鐘文訓譯	120元
66人蔘的神效	林慶旺譯	100元
67奇穴治百病	吳通華著	120元
68中國傳統健康法	靳海東著	100元
69下半身減肥法	納他夏・史達賓著	110元
70使妳的肌膚更亮麗	楊　皓編譯	100元
71酵素健康法	楊　皓編譯	120元
73腰痛預防與治療	五味雅吉著	100元
74如何預防心臟病・腦中風	譚定長等著	100元

⑮少女的生理秘密	蕭京凌譯	120元
⑯頭部按摩與針灸	楊鴻儒譯	100元
⑰雙極療術入門	林聖道著	100元
⑱氣功自療法	梁景蓮著	120元
⑲大蒜健康法	李玉瓊編譯	100元
⑧健胸美容秘訣	黃靜香譯	120元
⑫鍺奇蹟療效	林宏儒譯	120元
⑬三分鐘健身運動	廖玉山譯	120元
⑭尿療法的奇蹟	廖玉山譯	120元
⑮神奇的聚積療法	廖玉山譯	120元
⑯預防運動傷害伸展體操	楊鴻儒編譯	120元
⑱五日就能改變你	柯素娥譯	110元
⑲三分鐘氣功健康法	陳美華譯	120元
⑳痛風劇痛消除法	余昇凌譯	120元
㉑道家氣功術	早島正雄著	130元
㉒氣功減肥術	早島正雄著	120元
㉓超能力氣功法	柯素娥譯	130元
㉔氣的瞑想法	早島正雄著	120元

・家庭／生活・電腦編號05

①單身女郎生活經驗談	廖玉山編著	100元
②血型・人際關係	黃靜編著	120元
③血型・妻子	黃靜編著	110元
④血型・丈夫	廖玉山編譯	130元
⑤血型・升學考試	沈永嘉編譯	120元
⑥血型・臉型・愛情	鐘文訓編譯	120元
⑦現代社交須知	廖松濤編譯	100元
⑧簡易家庭按摩	鐘文訓編譯	150元
⑨圖解家庭看護	廖玉山編譯	120元
⑩生男育女隨心所欲	岡正基編著	160元
⑪家庭急救治療法	鐘文訓編著	100元
⑫新孕婦體操	林曉鐘譯	120元
⑬從食物改變個性	廖玉山編譯	100元
⑭藥草的自然療法	東城百合子著	200元
⑮糙米菜食與健康料理	東城百合子著	180元
⑯現代人的婚姻危機	黃 靜編著	90元
⑰親子遊戲 0歲	林慶旺編譯	100元
⑱親子遊戲 1～2歲	林慶旺編譯	110元
⑲親子遊戲 3歲	林慶旺編譯	100元
⑳女性醫學新知	林曉鐘編譯	130元

㉑媽媽與嬰兒	張汝明編譯	180元
㉒生活智慧百科	黃　靜編譯	100元
㉓手相・健康・你	林曉鐘編譯	120元
㉔菜食與健康	張汝明編譯	110元
㉕家庭素食料理	陳東達著	140元
㉖性能力活用秘法	米開・尼里著	150元
㉗兩性之間	林慶旺編譯	120元
㉘性感經穴健康法	蕭京凌編譯	150元
㉙幼兒推拿健康法	蕭京凌編譯	100元
㉚談中國料理	丁秀山編著	100元
㉛舌技入門	增田豐　著	160元
㉜預防癌症的飲食法	黃靜香編譯	150元
㉝性與健康寶典	黃靜香編譯	180元
㉞正確避孕法	蕭京凌編譯	130元
㉟吃的更漂亮美容食譜	楊萬里著	120元
㊱圖解交際舞速成	鐘文訓編譯	150元
㊲觀相導引術	沈永嘉譯	130元
㊳初為人母12個月	陳義譯	180元
㊴圖解麻將入門	顧安行編譯	160元
㊵麻將必勝秘訣	石利夫編譯	160元
㊶女性一生與漢方	蕭京凌編譯	100元
㊷家電的使用與修護	鐘文訓編譯	160元
㊸錯誤的家庭醫療法	鐘文訓編譯	100元
㊹簡易防身術	陳慧珍編譯	130元
㊺茶健康法	鐘文訓編譯	130元
㊻雞尾酒大全	劉雪卿譯	180元
㊼生活的藝術	沈永嘉編著	120元
㊽雜草雜果健康法	沈永嘉編著	120元
㊾如何選擇理想妻子	荒谷慈著	110元
㊿如何選擇理想丈夫	荒谷慈著	110元
51中國食與性的智慧	根本光人著	150元
52開運法話	陳宏男譯	100元
53禪語經典＜上＞	平田精耕著	150元
54禪語經典＜下＞	平田精耕著	150元
55手掌按摩健康法	鐘文訓譯	180元
56脚底按摩健康法	鐘文訓譯	150元
57仙道運氣健身法	高藤聰一郎著	150元
58健心、健體呼吸法	蕭京凌譯	120元
59自彊術入門	蕭京凌譯	120元
60指技入門	增田豐著	160元
61下半身鍛鍊法	增田豐著	180元

㊷表象式學舞法	黃靜香編譯	180元
㊸圖解家庭瑜伽	鐘文訓譯	130元
㊹食物治療寶典	黃靜香編譯	130元
㊺智障兒保育入門	楊鴻儒譯	130元
㊻自閉兒童指導入門	楊鴻儒譯	180元
㊼乳癌發現與治療	黃靜香譯	130元
㊽盆栽培養與欣賞	廖啟新編譯	180元
㊾世界手語入門	蕭京凌編譯	180元
㊿賽馬必勝法	李錦雀編譯	200元
71中藥健康粥	蕭京凌編譯	120元
72健康食品指南	劉文珊編譯	130元
73健康長壽飲食法	鐘文訓編譯	150元
74夜生活規則	增田豐著	160元
75自製家庭食品	鐘文訓編譯	200元
76仙道帝王招財術	廖玉山譯	130元
77「氣」的蓄財術	劉名揚譯	130元
78佛教健康法入門	劉名揚譯	130元
79男女健康醫學	郭汝蘭譯	150元
80成功的果樹培育法	張煌編譯	130元
81實用家庭菜園	孔翔儀編譯	130元
82氣與中國飲食法	柯素娥編譯	130元
83世界生活趣譚	林其英著	160元
84胎教二八〇天	鄭淑美譯	180元
85酒自己動手釀	柯素娥編著	160元
86自己動「手」健康法	手嶋昪著	160元
87香味活用法	森田洋子著	160元
88寰宇趣聞搜奇	林其英著	200元

•命理與預言• 電腦編號06

①星座算命術	張文志譯	120元
②中國式面相學入門	蕭京凌編著	180元
③圖解命運學	陸明編著	200元
④中國秘傳面相術	陳炳崑編著	110元
⑤輪迴法則（生命轉生的秘密）	五島勉著	80元
⑥命名彙典	水雲居士編著	180元
⑦簡明紫微斗術命運學	唐龍編著	130元
⑧住宅風水吉凶判斷法	琪輝編譯	180元
⑨鬼谷算命秘術	鬼谷子著	150元
⑩密教開運咒法	中岡俊哉著	250元
⑪女性星魂術	岩滿羅門著	200元

⑫簡明四柱推命學	李常傳編譯	150元
⑬手相鑑定奧秘	高山東明著	200元
⑭簡易精確手相	高山東明著	200元
⑮啟示錄中的世界末日	蘇燕謀編譯	80元
⑯女巫的咒法	柯素娥譯	230元
⑰指紋算命學	邱夢蕾譯	90元
⑱樸克牌占卜入門	王家成譯	100元
⑲Ａ血型與十二生肖	鄒雲英編譯	90元
⑳Ｂ血型與十二生肖	鄒雲英編譯	90元
㉑Ｏ血型與十二生肖	鄒雲英編譯	100元
㉒ＡＢ血型與十二生肖	鄒雲英編譯	90元
㉓筆跡占卜學	周子敬著	220元
㉔神秘消失的人類	林達中譯	80元
㉕世界之謎與怪談	陳炳崑譯	80元
㉖符咒術入門	柳玉山人編	150元
㉗神奇的白符咒	柳玉山人編	160元
㉘神奇的紫符咒	柳玉山人編	200元
㉙秘咒魔法開運術	吳慧鈴編譯	180元
㉚諾米空秘咒法	馬克・矢崎著	220元
㉛改變命運的手相術	鐘文訓編著	120元
㉜黃帝手相占術	鮑黎明著	230元
㉝惡魔的咒法	杜美芳譯	230元
㉞脚相開運術	王瑞禎譯	130元
㉟面相開運術	許麗玲譯	150元
㊱房屋風水與運勢	邱震睿編譯	160元
㊲商店風水與運勢	邱震睿編譯	200元
㊳諸葛流天文遁甲	巫立華譯	150元
㊴聖帝五龍占術	廖玉山譯	180元
㊵萬能神算	張助馨編著	120元
㊶神秘的前世占卜	劉名揚譯	150元
㊷諸葛流奇門遁甲	巫立華譯	150元
㊸諸葛流四柱推命	巫立華譯	180元
㊹室內擺設創好運	小林祥晃著	200元
㊺室內裝潢開運法	小林祥晃著	230元
㊻新・大開運吉方位	小林祥晃著	200元
㊼風水的奧義	小林祥晃著	200元

・教養特輯・電腦編號07

①管教子女絕招	多湖輝著	70元
⑤如何教育幼兒	林振輝譯	80元

⑥看圖學英文	陳炳崑編著	90元
⑦關心孩子的眼睛	陸明編	70元
⑧如何生育優秀下一代	邱夢蕾編著	100元
⑩現代育兒指南	劉華亭編譯	90元
⑫如何培養自立的下一代	黃靜香編譯	80元
⑭教養孩子的母親暗示法	多湖輝著	90元
⑮奇蹟教養法	鐘文訓編譯	90元
⑯慈父嚴母的時代	多湖輝著	90元
⑰如何發現問題兒童的才智	林慶旺譯	100元
⑱再見！夜尿症	黃靜香編譯	90元
⑲育兒新智慧	黃静編譯	90元
⑳長子培育術	劉華亭編譯	80元
㉑親子運動遊戲	蕭京凌編譯	90元
㉒一分鐘刺激會話法	鐘文訓編著	90元
㉓啟發孩子讀書的興趣	李玉瓊編著	100元
㉔如何使孩子更聰明	黃静編著	100元
㉕３・４歲育兒寶典	黃静香編譯	100元
㉖一對一教育法	林振輝編譯	100元
㉗母親的七大過失	鐘文訓編譯	100元
㉘幼兒才能開發測驗	蕭京凌編譯	100元
㉙教養孩子的智慧之眼	黃静香編譯	100元
㉚如何創造天才兒童	林振輝編譯	90元
㉛如何使孩子數學滿點	林明嬋編著	100元

•消遣特輯•電腦編號08

①小動物飼養秘訣	徐道政譯	120元
②狗的飼養與訓練	張文志譯	130元
③四季釣魚法	釣朋會編	120元
④鴿的飼養與訓練	林振輝譯	120元
⑤金魚飼養法	鐘文訓編譯	130元
⑥熱帶魚飼養法	鐘文訓編譯	180元
⑧妙事多多	金家驊編譯	80元
⑨有趣的性知識	蘇燕謀編譯	100元
⑩圖解攝影技巧	譚繼山編譯	220元
⑪100種小鳥養育法	譚繼山編譯	200元
⑫樸克牌遊戲與贏牌秘訣	林振輝編譯	120元
⑬遊戲與餘興節目	廖松濤編著	100元
⑭樸克牌魔術・算命・遊戲	林振輝編譯	100元
⑯世界怪動物之謎	王家成譯	90元
⑰有趣智商測驗	譚繼山譯	120元

⑲絕妙電話遊戲	開心俱樂部著	80元
⑳透視超能力	廖玉山譯	90元
㉑戶外登山野營	劉青篁編譯	90元
㉒測驗你的智力	蕭京凌編著	90元
㉓有趣數字遊戲	廖玉山編著	90元
㉔巴士旅行遊戲	陳羲編著	110元
㉕快樂的生活常識	林泰彥編著	90元
㉖室內室外遊戲	蕭京凌編著	110元
㉗神奇的火柴棒測驗術	廖玉山編著	100元
㉘醫學趣味問答	陸明編譯	90元
㉙樸克牌單人遊戲	周蓮芬編譯	130元
㉚靈驗樸克牌占卜	周蓮芬編譯	120元
㉜性趣無窮	蕭京凌編譯	110元
㉝歡樂遊戲手册	張汝明編譯	100元
㉞美國技藝大全	程玫立編譯	100元
㉟聚會即興表演	高育強編譯	90元
㊱恐怖幽默	幽默選集編譯組	120元
㊲兩性幽默	幽默選集編譯組	100元
㊹藝術家幽默	幽默選集編譯組	100元
㊺旅遊幽默	幽默選集編譯組	100元
㊻投機幽默	幽默選集編譯組	100元
㊼異色幽默	幽默選集編譯組	100元
㊽青春幽默	幽默選集編譯組	100元
㊾焦點幽默	幽默選集編譯組	100元
㊿政治幽默	幽默選集編譯組	130元
51美國式幽默	幽默選集編譯組	130元

•語文特輯• 電腦編號09

①日本話1000句速成	王復華編著	60元
②美國話1000句速成	吳銘編著	60元
③美國話1000句速成　附卡帶		220元
④日本話1000句速成　附卡帶		220元
⑤簡明日本話速成	陳炳崑編著	90元

•武術特輯• 電腦編號10

①陳式太極拳入門	馮志強編著	150元
②武式太極拳	郝少如編著	150元
③練功十八法入門	蕭京凌編著	120元
④教門長拳	蕭京凌編譯	150元

國家圖書館出版品預行編目資料

知人知面知其心／林振輝編著.--2版.--臺北市；大展，民85
面；　　公分.--（社會人智囊；16）
ISBN 957-557-658-6（平裝）
1. 應用心理學　2. 人際關係
177　　　　　　　　　　　　　　　85012186

知人 知面 知其心

ISBN 957-557-658-6

編著者／林　振　輝
發行人／蔡　森　明
出版者／大展出版社有限公司
社　址／台北市北投區（石牌）致遠一路二段12巷1號
電　話／(02) 8236031・8236033
傳　眞／(02) 8272069
郵政劃撥／0166955－1
登記證／局版臺業字第2171號
承印者／高星企業有限公司
裝　訂／日新裝訂所
排版者／千兵企業有限公司
電　話／(02) 8812643
初　版／1987年（民76年）6月
2　版／1996年（民85年）12月
定　價／180元

大展好書 好書大展

大展好書 好書大展